KB136466

넬슨 만델라: 그래픽 평전

Nelson Mandela: The Authorized Comic Book
by The Nelson Mandela Foundation illustrated by Umlando Wezithombe
Copyright © 2009, 2008 by The Nelson Mandela Foundation
First American Edition 2009
First Published by Jonathan Ball Publishers in South Africa in 2008
All rights reserved.

This Korean edition was published by Green Knowledge Publishing Co. in 2014 by
arrangement with Jonathan Ball Publishers through KCC(Korea Copyright Center Inc.), Seoul.

넬슨만델라
그래픽평전

넬슨 만델라 재단 글 ㅣ 움란도 웨지톰비 그림 ㅣ 피노 옮김

푸른
지식

일러두기
• 본문에 ★이 달려 있는 부분은 194쪽의 '더 자세히 알아보기'에 설명해 두었습니다.

차 례

넬슨 만델라가 독자 여러분께

넬슨 만델라가 독자 여러분께*

저는 만화에 대해선 잘 알지 못합니다. 그리고 이 만화의 주인공인 제 자신에 대해 얘기하는 것은 현명한 일이 아니라고 생각합니다. 우리는 자기 자신에 대해 얘기할 때 굉장히 과장해서 말하는 경향이 있거든요. 그래서 전 이 부분은 역사학자들과 다른 전문가들에게 맡기려고 합니다.

그런데, 저의 비서실장이 자신은 만화 전문가라며 만화에는 세 가지 아주 중요한 특징이 있다고 조언해 주더군요. 첫 번째, 저처럼 시력이 예전 같지 않은 사람들은 그냥 그림만 보면 된다고 합니다. 두 번째로 만약 여러분이 어느 날 만화의 주인공이 되었다면 그건 여러분이 아주 유명해졌다는 뜻이랍니다. 마지막으로 젊은이들이 만화를 즐겨 읽는다고 하더군요. 제가 바라는 건 만화를 읽는 기초적인 습관이 후에 여러분들을 좋은 책을 읽는 기쁨으로까지 이끌어주었으면 하는 것입니다. 전 평생 그런 기쁨을 느끼고 살았답니다. 만약 이 만화로 인해 여러분이 새로이 책을 좋아하는 사람이 된다면 이 만화는 충분히 가치가 있다고 생각합니다.

그래도 독자들이 이 만화에서 가치 있는 무언가를 발견하리라 믿습니다. 이 책은 예술적으로 아주 뛰어납니다. 이 책을 함께 만든 젊은 예술가들에게 축하의 말을 전하고 싶습니다. 그들은 역사학자와 글쓴이들의 조언을 따라 주제와 이야기를 아주 잘 표현했어요. 특히 '전통', '공동체', '이야기', 이 세 가지의 주제는 탁월해 저의 인생 초반기를 표현하는 데 아주 중요한 역할을 했더군요. 솔직히, 그 주제들은 저의 인생 전반에 영향을 주었지요.

좋은 예를 하나 들려줄게요. 최근 한 친구가 묻더군요. 제가 감옥에 갔을 때엔 양성평등주의 개념이 잘 알려지지 않았는데 27년이 지나 출소한 후에 여성의 권리를 앞장서서 대변해 주는 사람이 되었다며 '세상이 돌아가는 상황을 어떻게 잘 따라잡았는지'라고요. (보다시피 제 친구는 저에게 곤란한 질문을 하는 것을 즐긴답니다). 물론 그 질문에 대한 답은 간단하지 않지요. 감옥에서의 생활이 가진 몇 안 되는 장점 중 하나가 바로 독서를 할 수 있는 시간이 있다는 겁니다. 감옥에서 우린 주변 환경이 허락하는 한 여러 책을 읽었어요. 그리고 독서가 우리의 마음을 열어주고 우리가 가진 관점에 대해 다시 돌아볼 기회를 준다는 것을 알게 되었답니다. 감옥에서는 성찰할 시간이 많아요. 또한 우리의 역사를 돌아볼 기회도 주었지요. 전 제가 태어나고 자란 '템불란드'에 관해 많은 생각을 하였어요. 템부의 역사에 대해 돌이켜 보면 볼수록 얼마나 많은 여성들이 두드러진 역할을 했는지 상기할 수 있었죠. 난 그 여성들의 이야기를 마음에 담아두었어요. 지도자 역할을 한 여성들에 대한 이야기를 말입니다.

우리 모두가 이야기를 듣는 건 잘하죠. 그건 우리 모두가 이야기를 말하고 읽는 것도 잘할 수 있다는 걸 의미하죠. 전 이 만화책이 여러분들이 그걸 이해하는 데 도움이 되기를 바랍니다.

넬슨 롤리랄라 만델라

---

*이 글은 2005년 10월 25일, 남아프리카공화국의 요하네스버그에서 넬슨 만델라가 한 연설을 다듬은 것이다. 『넬슨 만델라: 그래픽 평전』은 만델라가 이 연설을 할 무렵에 시작해 8번에 걸쳐 나온 만화를 한 권으로 묶은 것이다.

이스턴케이프*의 아들

옛날 옛적, '음베조'라 불리는 작은 마을에서 이 이야기는 시작된다….

응애 응애 응애!!!

아들이에요.

이 아이의 이름을 '롤리랄라'라고 해야겠군.

롤리랄라는 '말썽꾸러기'라는 뜻이다.

2

오늘날의 남아프리카공화국, 관광 안내원이 지금은
넬슨 만델라 박물관이 들어선 음베조에서
단체로 견학 온 어린이들에게 설명을 하고 있다.

여러분,
이곳은 음베조예요.
1918년 7월 18일
'마디바'가 태어난
곳이지요.

근데 왜 그 분을
마디바라고
부르는 거예요?

마디바는
'넬슨 롤리랄라
만델라'의 씨족
이름이에요.

넬슨 만델라의
아버지인 '음파카니스와
가들라 만델라'는
음베조의 족장이었어요.*

여기가 바로 롤리랄라가
태어났던 집터예요.
저기 문 바로 앞에
그의 탯줄을 묻었어요.

롤리랄라의 어머니 '노세케니'는 롤리랄라 아버지의
세 번째 부인이다. 만델라 집안은 부유해서 소와 양을
키웠고 땅도 많이 가지고 있었다.

어느 날, 어린 롤리랄라의 아버지는
곤경에 처하게 된다.*

음파카니스와를
지금 당장 이리로
데려와!!!

알겠습니다,
판사님.

음파카니스와 족장이 규정을 어기고
치안판사에게 부족의 대소사를
보고하지 않았던 것이다.

여러분 앞에 보이는 쿠누 마을이 어린 롤리랄라가 자라난 곳이에요.

그 당시엔 땅이 아주 비옥해서 마을 전체를 먹일 만한 농작물이 났어요.

어린 만델라에게는 친구들이 많았다. 사촌들은 형제자매나 다름없었다.

'마', 나중에 보자!!

부티, 이리 와봐. 네가 얼마나 잘하는지 보여줘!

'신티'는 막대기를 던지는 놀이였는데 친구와 가족들에게 '부티'라 불리던 롤리랄라는 그 놀이를 아주 잘했다.

오 예!

아... 안 돼!

또 졌네.

친구야, 다음번엔 더 잘할 수 있을 거야.

신티가 쿠누 마을에서 유일한 놀이는 아니었다. 밭에서 일하거나 가축을 치는 사이에 다른 놀이도 많이 즐겼다.

부티, 이리 올라와!

바위산에서 미끄럼 타는 놀이가 제일 좋았다!

야호!!

사냥도 했고,

그렇지! 잡았다!

멍멍!

물고기도 잡았다.

너의 선조의 어머니는 이름이 만델라였는데 템부족을 이끌고 백인들의 침략에 맞서 싸웠단다.

밤이 되면 아이들은 음식이 끓는 불 주위에 모여 이야기를 들었다.

쉬이이이익

6

여보, 롤리랄라의 학교 문제에 대해 얘기 좀 해요.

그 당시엔 아주 소수의 아이들만이 학교에 다녔다.

자네 아들은 아주 영리하다네. 학교에 다녀야 해.

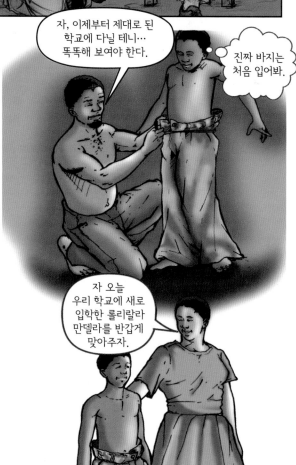

자, 이제부터 제대로 된 학교에 다닐 테니… 똑똑해 보여야 한다.

진짜 바지는 처음 입어봐.

자 오늘 우리 학교에 새로 입학한 롤리랄라 만델라를 반갑게 맞아주자.

모두 영어 이름을 가지고 있단다… 넌 이제부터 '넬슨'이야!

결국 예수는 그의 백성을 위해 자기 목숨을 바쳤어요….

훌륭한 기독교인이 되는 일은 아주 중요하답니다.

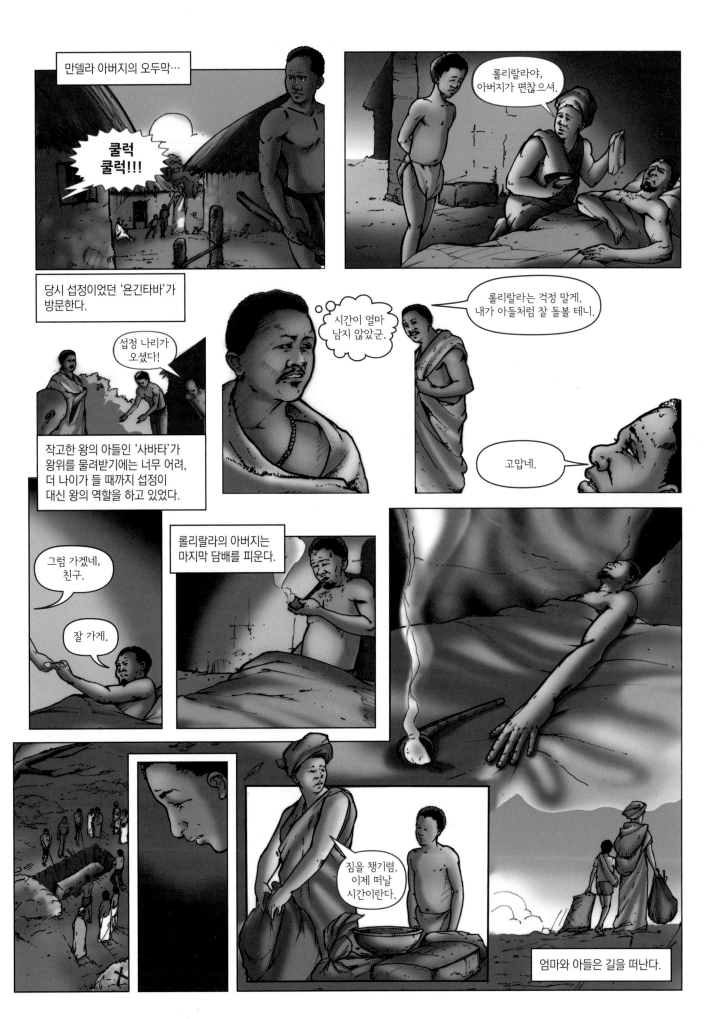

그날 저녁, 엄마와 아들은 '대궁전'이라고도
알려진 '음케케즈웨니'에 도착한다.
그곳은 섭정 욘긴타바의 집이었다.

얘야,
다 왔구나.

와!!

섭정은 부족 어른들에게
연설을 하고 있는 중이었다.

롤리랄라를 맡아줘서
고맙습니다. 이제 이 애의
미래가 밝아지겠군요.

나에게 아낌없는
조언을 해준 네 아버지의
빚을 갚게 되는구나.

강하게 커야 한다,
아들아.

나중에 만델라는, 왕가의 핏줄이었기에 감정을 드러내는
일이 허락되지 않았다며 그 당시를 회상했다.

9

어린 넬슨 만델라는 빨리
새로운 생활에 적응한다.

내 아들
'저스티스'란다.

'몰로(안녕)',
롤리랄라.

둘은 밭에서 일하고…

가축을 돌보았다.

섭정은 때때로 아이들에게
말을 타게 해주었다.

힘내, 롤리랄라.
너무 느리잖아.

다그닥
다그닥

다그닥
다그닥

대궁전에서는 다 같이 모여
춤을 추는 일이 많았다.

교회는 생활의 큰 부분을
차지했으며 현대식 교육을
하는 곳이기도 했다.

롤리랄라도
곧 감리교회의
신도가 된다.

우리는 모두 하나님의
아이들이기 때문에 서로
사랑해야 합니다.

아멘…

세월이 많이 흐른 뒤에도 만델라는
1930년대에 받았던 신도증을
간직했다.

10

마을에 결정해야 할 큰일이 있을 때면
부족 사람들은 대궁전에 모였다.

우리 마을
사람들에게 걱정거리가
있습니다.

이런 모임 때마다
큰 잔치가 열렸다.

지겹게 얘기만
들으니 배가 고팠구나,
롤리랄라!

모임에서는 모든 사람들이 참여해 자기의
의사를 표현할 수 있었다.
하지만 여자들은 가만히 듣기만 해야 했다.

모임에서 나온 의견을 취합하고
정리하여 문제의 해결 방안을
찾는 일은 섭정의 몫이었다.

내일 다시
모이도록 합시다.
장기적인 해결책을
찾아야 해요.

얘들아, 다녀오거라.

벌써 성인식이라니 믿을 수 없어.

롤리랄라, 서둘러.

남자아이들은 의식을 준비하기 위해 집을 떠나 임시로 오두막에서 지냈다.

열여섯 살이 된 만델라가 코사족의 전통에 따라 성인이 되는 할례 의식을 치를 시간이 다가왔다.

성인식 전날 밤엔 춤을 추고 노래를 했다.

다음 날 아침 깨끗이 몸을 씻는 것으로 의식이 시작된다.

다 씻었다. 자 다들 가자!

그렇게 나쁘진 않을 거야.

곧 할례가 시작되었다.

할례를 받자마자 '나는 남자다'라고 외쳐야 한다!

아들아, 이제 네 차례란다.

제발 강해지게 해주세요. 멈칫하지 않고 소리쳐야 해.

사사삭!

롤리랄라는 학교를 열심히 다녔다. 8학년 시험도 통과했다.

네가 여기서 잘 지낼 줄 알았단다. 자랑스럽구나.

너도 알겠지만, 어느 누구도 백인들의 황금이나 캐면서 평생을 지내서는 안 된단다. 난 네가 제대로 된 교육을 받았으면 한다. 그러기엔 '클라크베리'가 적당한 곳이지.

만델라의 우수한 성적과 미래를 축하하기 위해 큰 잔치가 열렸다.

잘 가거라, 롤리랄라. 크나큰 미래가 너를 기다리고 있단다. 자랑스러운 사람이 되어야 한다.

내일 떠나기 전에 깜짝 선물이 있단다.

와, 구두네요! 한 번도 가져본 적이 없었는데….

구두를 절대로 더럽히지 않을 거야!

14

16

힐드타운에서의 학교생활을 마치고, 스무한 살이 된 롤리랄라는 아프리카의 여러 영향력 있는 지도자들이 공부를 했던 '포트헤어' 대학으로 진학한다.

너희 둘을 소개시켜 줄게. 앞으로 잘 지내봐.

여긴 롤리랄라 넬슨 만델라고 이쪽은 '카이저 마탄지마'야.

롤리랄라는 이곳에서 '올리버 탐보'도 만난다.

올리버, 네가 없었으면 우리가 토론에서 졌을 거야.

대학에서는 영어, 정치학, 인류학, 로마-네덜란드법, 원주민 행정학을 공부했다.

마탄지마는 족보상 만델라의 조카였는데, 후에 정치적으로 적이 된다. 롤리랄라는 그를 할례명인 '달리원가'라고 불렀다.

롤리랄라는 사교춤도 좋아해서 가끔씩 친구들과 몰래 파티에 가곤 했다.

저랑 춤추실래요?

춤을 아주 우아하게 추시는군요.

한번은 함께 춤을 추었던 사람이 학교 교수님의 부인이었던 적도 있었다.

그는 친구들과 어울려 지내는 것을 즐겼다. 함께 하는 사소한 일들이 고향을 떠오르게 만들었다.

축구와 크로스컨트리도 즐겼고, 연극반 활동과 학교 내 정치에도 참여했다.

1940년 롤리랄라는 개인적으로 곤경에 처하게 된다.

의미 있는 변화를 가져오기 위한 유일한 방법은 학생자치위원회 선거를 거부하는 것입니다.

맞습니다. 우리는 참여하지 않을 겁니다.

학교 총장이었던 '알렉산더 커' 박사의 생각은 달랐다.

난 여러분들이 내일까지 투표를 했으면 합니다.

자, 그럼 학생회 위원으로 뽑힌 사람은…

여섯 명의 학생이 위원으로 뽑혔다.

롤리랄라는 총장의 방으로 불려 간다.

총장님, 죄송하지만 전 위원 자리를 받아들일 수 없습니다. 저도 선거 거부 운동을 지지하고 있습니다.

만델라 군, 자네가 이 자리를 받아들이지 않으면 학교를 떠나야 할 걸세.

이 말 명심하고 내일까지 어떻게 할 건지 알려주게.

달리원가, 다른 학생들은 위원 자리를 받아들여도 난 내가 맞다고 생각해.

그래 맞아, 하지만 여기서 그만둘 순 없잖아. 그럼 넌 이제 변호사의 꿈은 접어야 해.

대학 교육은 오직 소수의 남아프리카 흑인들에게만 주어진 특권이었다.

하지만 난 도저히 그럴 수가 없어!

자넨 지금 실수하는 거야! 그래도 이번 여름 내내 다시 잘 생각해 보게. 그래도 마음이 바뀌지 않는다면 다시는 돌아올 필요 없네.

롤리랄라는 이 사실을 섭정에게 말한다.

제가 만약 위원 자리를 받아들이지 않는다면 학교를 떠나야 한다고 총장님이 그러셨어요.

뭐라고?! 지금 도대체 내가 무슨 얘기를 듣고 있는 건지 믿을 수 없구나. 넌 학교로 돌아가야 해!

굉장히 큰 도시야. 너도 가서 봐야 하는데…

'케이프타운'은 어땠어?

롤리랄라는 방학 동안 고민을 하는 중에 저스티스와 다시 만났다.

저스티스 형, 기다려!

얼마 되지 않아 그들은 다시 예전으로 돌아가…

여자들에게 잘 보이려 애쓰고…

일요일마다 교회에 다녔다.

하루는 일요일 예배를 마친 후, 섭정이 둘에게 흥미로운 소식을 전해준다.

19

변화가 일어나려는 순간이었다.

섭정이 둘을 위해 결혼할 아내를 마련해 놓은 것이다.

저스티스와 롤리랄라 둘 다 이리 오렴. 이제 남자로서 얘기해야겠구나.

이때가 롤리랄라에겐 가족의 전통과 개인의 운명이 충돌하는 순간이었다.

그렇게 될 테니 알아두어라. 더 이상 말하지 않겠다.

한 가지 방법밖에 없어. 도망쳐야 해.

'요하네스버그'로….

지체할 시간이 없어.

돈은 어쩌지?

걱정 마, 내게 생각이 있어.

우리가 섭정의 가축을 훔치다니 믿을 수 없군.

다른 방법이 없잖아.

두 사람은 훔친 소를 판다.

섭정 나리가 시켜서 우리가 소를 팔러 온 줄 아는가 봐!

포트헤어로는 돌아가지 않을 거야.

섭정께서도 지금쯤 어떤 일이 벌어졌는지 알겠군.

괜찮을 거야.

여기 돈 드릴게요. 다음 역까지 좀 태워주세요.

하지만 저스티스의 말이 맞았다. 그들은 승차권을 구입할 수 없었다.

미안하지만 섭정께서 너희 둘이 지금 도망치는 중이라던데….

우리가 뭘 하려는지 다 알고 계셔.

빨리 다음 역으로 가야해.

예? 뭐라고요?

저기 기차가 있어… 더 빨리 가주세요.

'퀸스타운'행 두 장 주세요.

오 예, 우리가 해냈어!!

21

여행 허가서가 필요해. 그게 없으면 이 지역을 벗어나려다 잡힐 수도 있어.*

이제 어떻게 하지?

하지만 행운은 그들 편이었다. 다행히도 섭정의 동생인 '음폰돔비니' 족장을 우연히 만나게 된 것이다.

그분께 부탁해 보자.

일이 쉽게 풀리는 듯했는데…

섭정 나리의 심부름을 해야 하는데 서류가 필요합니다.

문제없어. 형님을 위해서라면! 내가 지방 법원에서 일하니까 바로 해줄 수 있다.

잠깐, '음타타' 치안판사에게 전화해서 알려야겠군.

그런데 우연히도 마침 그때 섭정이 치안판사를 만나러 와 있었다.

뭐라고? 당장 돌려보내.

내 말 들었지. 애들을 당장 잡아.

제가 법을 공부했는데요, 당신에겐 우리를 막을 권리가 없습니다.

당장 꺼져!

22

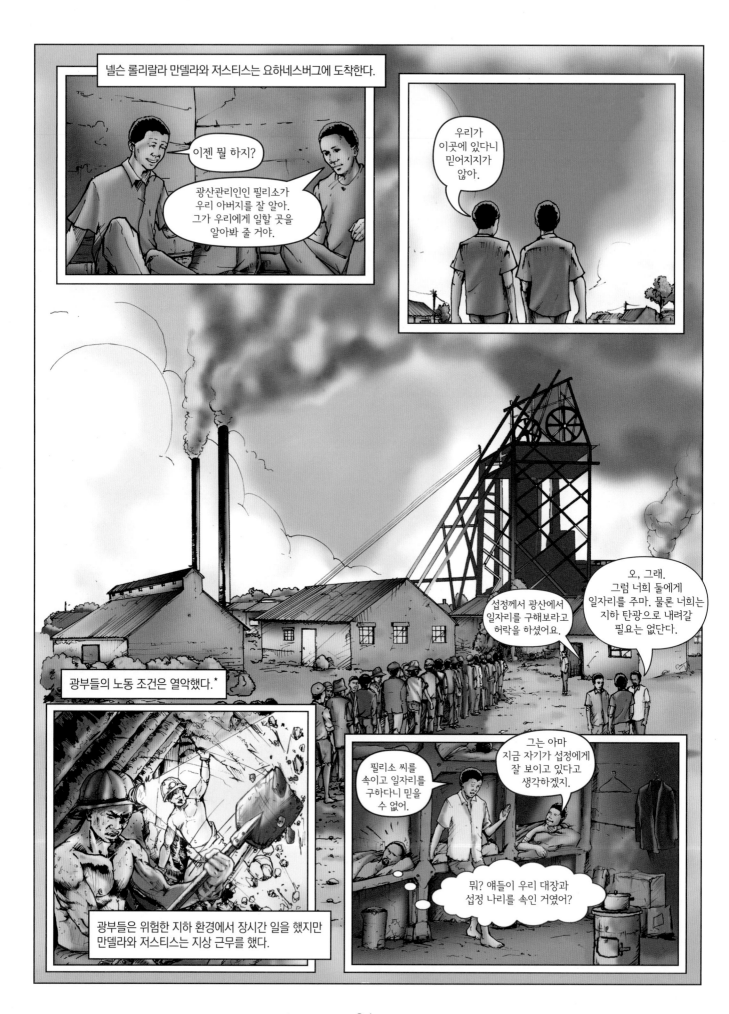

제가 직접 들었어요.

애들을 당장 데려와!

너희가 감히 날 속이다니. 게다가 섭정 나리까지 속이다니. 여기서 당장 떠나거라!

저스티스 형이 머물 곳을 찾아야 할 텐데. 이제 어떡하지?

만델라는 친척 '갈릭 음베케니' 아저씨 집에서 머물게 된다.

일자리도 돈도 없어. 빨리 뭔가를 해야 할 텐데.

걱정 말아라. 내 고향 사람 월터를 소개시켜 줄게. 그가 알아서 해줄 거야.

가뭄과 제2차세계대전으로 인해 엄청난 규모의 노동 인력이 도시로 몰려들고 있었습니다. 이들 대부분이 하인이나 인부로 일하고 싶어 했지만 만델라는 눈을 높여 더 나은 직장을 원했습니다.

다음 날 그들은 요하네스버그 시내에 있는 '월터 시술루'의 사무실에 도착한다.

월터는 부동산 중개인이란다.

부동산 중개인이 대체 뭐지?

시술루 씨 시간 내주셔서 고맙습니다.

자네가 포트헤어에서 공부했다고 갈릭이 얘기하더군.

통신 강좌로 법학 공부를 계속할 계획이에요.

자네 공부를 도와줄 사람을 알고 있네.

만델라는 시술루가 초등학교만 마쳤다는 것이 믿기지 않았다.

시술루는 요하네스버그 거리에서 '인생 대학'을 졸업했다고 갈릭이 말해주었다.

내가 자넬 '라자르 시델스키' 씨에게 소개시켜 주겠네. 아마도 그의 법률사무소에 서기 자리가 하나 있을 거야.

만델라는 '비트킨, 시델스키와 에이델만' 법률사무소에 일자리를 얻었다. 그리고 전기가 들어오지 않아 어둠의 도시로 불리던 알렉산드라 흑인 거주구에 방을 하나 얻었다.

이 정도면 충분해. 시내에서 10킬로미터만 걸어가도 깡패들로 가득한데…

그나저나 이 생활을 계속할 수 있을까? 버스비, 집세, 공부할 돈은 둘째 치더라도 음식 살 돈도 없으니…

만델라는 학위 공부를 마치기 위해 밤에 촛불을 켜놓고 공부를 했다.

걱정 말게나. 이 백인들과 그들의 인종차별적인 법은 오래가지 않을 거야… 우린 그들을 바다 끝까지 밀어낼 거야.

넬슨, 가워 말 듣지 마. 정치는 괜히 골치만 아파.

낮 동안에는 공산주의자이자 노동조합 위원장이었던 '가워 라데베'와 함께 일했다.

비록 만델라에겐 일자리가 있었지만 통행법, 야간통행금지, 비싼 대중교통비, 빈곤에 시달리는 격리된 거주구, 높은 범죄율 등, 다른 흑인들에게 적용된 법과 조건으로부터 열외인 건 아니었어요.

심지어 사무실에서도 아프리카인에 대한 차별대우가 존재했다.

아프리카인은 컵도 따로 쓰는구나… 차라리 부엌에서 차를 마시겠어… 이건 정말 치욕적이야.

넬슨, 들어봐. 공산주의자는 인종차별주의자가 아닐세. 모두에게 공평하지. 자네도 동참해야 할 때야.

다음에 생각해 볼게요, 가워 씨. 섭정께서 지금 시내에 오셨는데 절 보고 싶으시다네요.

섭정 어르신!

롤리랄라, 네가 집을 구했다는 얘길 들었다.

제가 그때 소를 훔친 후 저희 관계가 깨졌을까 걱정했습니다.

아니야, 우리 관계는 아직 돈독해. 난 네가 어딜 가서 무얼 하든 도와줄 거다. 하지만 저스티스는 고향으로 돌아와주길 바라… 내가 아프단다.

1941년, 섭정이 만델라를 보러 요하네스버그를 방문했다.

1942년 겨울, 섭정이 죽는다. 저스티스와 만델라는 그의 부고를 신문에서 본다. 그들에게 보낸 전보가 도착하지 않은 것이었다.

우리 서둘러서 가야 해. 이러다 장례식도 못 보겠어.

그때 뵈었을 때만 해도 건강해 보이셨는데. 그때 집으로 돌아갔어야 했어.

맞아. 섭정께서 살아계셨을 때 더 잘했어야 했는데… 날 아들처럼 대해주셨는데….

불행히도 만델라와 저스티스는 장례식 다음 날에야 대궁전에 도착한다.

대궁전에서 일주일을 보낸 후 만델라는 어머니와 저스티스에게 작별을 고하고 도시에서의 생활로 다시 돌아온다. 저스티스는 섭정 자리를 이어받게 된다.

라데베는 만델라가 요하네스버그로 돌아온 것에 놀란다.

잘 지내.

돌아와서 기뻐요.

아직도 해야 할 일이 많으니까요….

29

1943년 8월 만델라는 버스요금 인상에 반대하여 버스를 타지 않는 만 여 명의 사람들과 함께 시위에 참가한다.

파업 9일 후 시위에 참가한 사람들이 승리한다. 이것은 남아프리카 국민들에게 보내는 강력한 메시지이기도 했다.

만델라와 시술루는 가까운 친구가 되고 서로의 관심사에 대해 알아갔다. 만델라는 시술루의 집에서 따뜻함과 환대를 느꼈다.

그리고 그곳에서 트란스케이의 '엠코보' 출신이며 간호사 견습생으로 일하던 시술루의 사촌인 '에벌린'을 만났고 첫눈에 사랑에 빠진다.

1948년 만델라는 포트헤어 대학에서 학사학위를 받고 졸업한다. 어머니, 조카인 마탄지마, 그리고 섭정의 미망인이 참석해 그를 축하해 주었다.

달리분가,
당신은 이곳에 필요한 사람이야.
여기 있으면 안 돼요?

만델라는 거절했어요.
그리고 '비트바테르스란트(비트스)' 대학에서
법을 공부하기 위해 다시 도시로 돌아왔죠.
새로운 친구들을 사귀었지만 모욕을 종종
당하기도 했던 힘든 시기였어요.

하루는 만델라가 수업에 늦는다.

만델라 군,
제 시간에 오지도
못하면서 어떻게
변호사가 되겠나!

저놈 옆에
앉을 수가 없군.
재수 없어.

만델라는 강의실에서 유일한 아프리카인이었다. 운동장,
수영장, 카페, 심지어 기숙사도 사용할 수 없었다.
그곳들은 백인의 전유물이었던 것이다.

만델라는 비트스에서 여러 가지를 경험했다. 그곳에서 그는
루스 퍼스트, 조지 비조스, J. N. 싱, 이스마일 미어 등
다른 인종의 친구들과 친하게 지냈다.

우리 집에
점심 먹으러 가자.

그들은 백인과 인도인들만 이용하는
전차에 올라탄다.

카피르*는
여기 탈 수 없어!

그들은 운행방해죄로 체포된다. 공산당원이었던 '브람 피셔'가 그들의
변호사로 선임되었다. 피셔의 아버지는 '자유주*'의 주임판사였다.

그게 무슨 말이에요?
그 말이 뭘 뜻하는지
알기나 해요?

너희들
다음 정류장에서
체포당하게
할 거다!

행운이었어.
다행히도 판사가
브람 씨 아버지를 아주
존경하는 사람이었어.

고소는 기각되었다.

당시 아프리카민족회의 의장이었던 수마 박사는 청년동맹의 대중행동 아이디어에 반대했다. 하지만 1944년 안톤 렘베데를 첫 의장으로 청년동맹이 창설된다.

아프리카인들이 우리 투쟁의 제일 앞에 서도록 해야 합니다.

어떤 외국인도 우리 아프리카 민족을 이끌어서는 안 됩니다. 이 점은 우리 선언서에 명확히 나와 있습니다.

임원에 선출된 사람은 올리버 탐보, 월터 시술루, 넬슨 만델라입니다.

말도 안 돼?!

넬슨을 합류시킨 건 잘한 거야. 그는 강한 지도자야.

탐보와 시술루는 왜 만델라의 이름이 올라 있는지 알고 있었다.

만델라와 에벌린의 사랑은 깊어간다.

당신 오빠가 내가 청혼하는 것을 허락했소.

그들은 1944년 원주민 행정관 사무실에서 단출하게 결혼식을 치렀다. 큰 결혼식을 치를 경제적 여유는 없었기 때문이다.

소웨토의 올란도에 있는 집.

공산주의자들이 아프리카인들을 지배할 거라는 걱정은 말라고 하더군.

전 이런 정치 얘기는 이해 못하겠어요.

결혼 첫해에 에벌린은 '템비'라는 애칭으로 더 잘 알려진 아들 '마디바 템베킬레'를 낳는다.

우리 아이의 미래에 대해 생각해야 해요. 지금 정부의 법제는 우리의 땅을 빼앗고 우리를 빈민으로 만들었으며, 숙련 노동자인 우리에게 일자리를 주지 않고, 투표권도 주지 않소. 심지어 우리의 왕들을 지배하고 있단 말이오.

완전히 미쳤어.
파업은 비폭력적이었어.
단지 생활이 가능할 정도의 급여를
요구했을 뿐인데… 죽은 사람이
적어도 아홉 명이라니….

돈을 빌려보려고
노력하고 있소. 그리고
법학 공부를 마치면
어느 정도의 수입을 가져다
줄 수 있어요.

여보,
우리도 근근이 버티고 있어요.
어떻게 하죠?

1947년, 딸 '마카지웨'가 태어난다.
아기는 병에 걸려 허약하게 태어났다.

뭐가
잘못된 건지만이라도
알고 싶어요.

좀 쉬어요, 에벌린.
내가 오늘밤에
애를 돌보겠소.

쉬지 않고 간호했지만 마카지웨는
아홉 달 만에 죽었다.

여보,
너무 미안하오.

그해 말 또 다른 사람을 잃는다. 청년동맹 의장인 안톤 렘베데가 쓰러져
시술루와 만델라가 병원으로 데려갔지만 그는 그날 밤 죽었다.

이건 말도 안 돼…
고작 서른 셋밖에
안 됐는데.

A. P. 음다가 의장직을 이어받았다. 그는 새로운
인물들을 영입하기 위해 포트헤어를 포함해
여러 지역에 지부를 만들려고 했다.

1950년대에 소피아타운은 사람들로 붐볐지만 대부분의 사람들이 가난했다. 그래도 사람들은 그때가 가장 좋은 시기, 흑인 거주구에 문화적 깨우침이 일어났던 때였다고 종종 얘기한다. 하지만 많은 사람들이 완벽한 인종분리, 즉 '아파르트헤이트'를 시행하는 정부를 과소평가하던 시기이기도 했다.

만델라는 '맨해튼 브라더스'와 같은 유명 재즈 음악인들과 친구가 되었고 올란도의 체육관에서 권투도 배웠다. 미국의 흑인 권투 선수, 음악가, 영화 배우들은 프리카인들에겐 꿈에 대한 성취와 힘을 상징하는 롤모델이었다.

그는 아프리카인들의 출입이 가능한 몇 안 되는 식당에서 식사를 하는 것을 즐겼고 자동차도 한 대 구입했다.

하지만 억압은 날로 심해졌다.

이 통행증은 문제가 있어!

뭐해? 빨리 일해!

대부분의 아프리카인들은 몇 푼 안 되는 돈을 받고도 오랜 시간을 일했다. 게다가 멀리 떨어진 집과 직장을 오가야 했다. 1952년까지 특정 지역에 있는 것을 허가하는 서류인 통행증을 가지고 다녀야 했다.

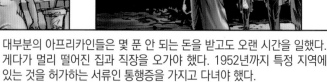

조심하고, 밤에는 문을 잠그세요… 빨갱이들과 검둥이 놈들의 위협이 있습니다.

이 법에 반대하는 시위가 일어나 만 여 명의 사람들이 요하네스버그에서 열린 '표현의 자유 수호' 행사에 모였다. 그들은 1950년 5월 1일 하루 동안 파업하기로 결의한다.

활동가들의 정치적 활동을 가로막는 '공산주의활동금지법안'이 공표된다.

36

만델라와 시술루는 다친 사람들을 병원으로 옮기는 것을 도왔다.

노동절에 발생한 비극적인 사건은 아프리카민족회의로 하여금 행동을 취하도록 자극했다. 그들은 다른 단체들에게 1950년 6월 26일 국가적 추모의 날에 있을 무단결근 투쟁에 동참할 것을 요청한다.

그곳에서 살아남다니 믿을 수 없군!!

우리가 정말 잔인한 적들과 대적하고 있구나.

그렇습니다. 저희는 공산주의활동 금지법안에 반대합니다! 우리의 형제자매들에게 애도를 표합니다….

넬슨, 에벌린이 자네를 찾고 있네.

아들 '마카토 레와니카'가 태어난다. 만델라는 아기의 이름을 아프리카인이 프리토리아 시내 보행로를 걷지 못하도록 한 법을 거부했던 아프리카민족회의의 두 번째 의장 '세파코 마포고 마카토'의 이름에서 따왔다. 그는 만델라에게 용감함의 상징이었다.

정치는 만델라의 집안에 계속 균열을 일으켰다.

우리가 다시 트란스케이로 돌아가면 좋겠어요. 그러면 당신을 더 자주 볼 수 있을 테니까요.

여보, 미안하오. 하지만 정치는 재미로 하는 것이 아니오. 그건 내 일생의 과업이오.

아프리카민족회의가 제안한 무단결근 투쟁은 몇몇 지역에서 실패로 돌아갔다. 만델라에게 있어 투쟁은 모든 것을 바치는 것이었다. 그는 아프리카민족회의 임원이었고, 법률사무소에서 일하고 있었으며 후에 변호사 자격도 얻는다. 반면에 에벌린은 집안일과 종교, 아이들을 키우는 데 집중하고 있었다.

공산주의자였던 '조 슬로보'는 다른 단체와 함께 연합전선을 만들자고 아프리카민족회의를 설득했다.

곧 그렇게 될 걸세, 조.

캠페인이 공식적으로 시작되기 사흘 전, '자원봉사자들의 날' 행사를 위해 만 여 명의 사람들이 더반에 모였다. 이 자리에서 만델라는 아프리카민족회의 나탈 주 지부장인 '앨버트 루툴리', 나탈 주 인도인회의 의장인 나이커 박사와 함께 연단에 올라 연설을 한다.

난 국가와 국민을 위해 봉사할 것을 이 자리에서 맹세하며… 이 운동에 적극 동참하여 최선을 다할 것입니다.

"내 조국과 민족에게 봉사할 것을 맹세합니다… 최선을 다해 주저 없이 참여할 것을."

백인 전용 매표소

마이부예!* 아프리카를 돌려달라!

1952년 6월 26일 포트엘리자베스 기차역. '레이먼드 음라바'가 백인 전용 출입구에서 자원봉사자들을 이끌고 있다.

같은 날 복스버그에서는 시술루와 '나나 시타'가 허가 없이 자원봉사자들을 이끌고 구청 안으로 진입하려 한다.

"티나 시즈웨!* 우리의 땅을 돌려 달라!"

만약 너희가 난입한다면, 모두 체포할 것이다!

백인 전용

자원봉사자들은 계획에 따라 행동했고 체포되는 것을 겁내지 않았다.

말란, 어서 감옥 문을 열어라! 감옥에 들어가고 싶다!

이놈들이 무슨 꿍꿍이지?

백인 전용 화장실

그 후 6개월 동안 8000명 이상의 사람들이 체포되어 감방을 가득 채웠다. 물론 벌금을 내고 풀려날 수 있었지만, 거부하고 4~6주의 형기를 채웠다. 사람들은 점점 더 정치에 관심을 가지게 되었고 아프리카민족회의의 회원 수는 5000명에서 10만 명으로 늘어났다.

하지만 1952년 7월 30일 경찰은 아프리카민족회의와 인도인회의 회원들의 집과 사무실을 습격한다. 만델라를 포함해 20명의 지도자급 사람들이 공산주의활동금지법을 위반한 혐의로 체포되었다.

만델라,
당신을 체포하겠소.

유죄입니다!
하지만… 제정법에 따른
공산주의는 일반적으로 알려진
공산주의와는 다르다…
그러므로 9개월간의 중노동과
집행유예 2년을 선고한다!

이 와중에도 만델라와 탐보는 법률사무소를 열어 인종분리법에 저항하였다. 문을 연 지 얼마 되지 않아 사무실은 인종차별적인 법으로 고통을 당하던 사람들로 가득 찼다.

1952년 12월 2일, 만델라를 포함한 지도자들에게 금지령이 내려져 회의에 참석하거나 한 번에 한 명 이상의 사람들에게 연설하는 것, 그리고 거주 구역을 벗어나는 것이 금지되었다.

더 많은
아프리카 변호사들이
필요해.

계속 미행하고 있군.
날 고립시키려는 거겠지.
날 마치 미결수로 취급하는군.
이런 감시 속에서 어떻게 투쟁과
변호사 일을 계속하지?

더 최악인 것은
공공안전법과 개정범죄법과 같은
새로운 법안들이 불복종 운동을
원천 봉쇄한다는 거였어요.

1950년 공산주의활동금지 법안이 통과되고 공산당은 해체된다. 열 명 이상이 모인 회의는 불법이었다. 만델라는 이 법이 적용될 경우 아프리카민족회의가 어떻게 대중들과 소통할 수 있을지에 대해 설명하는 문서의 초안 작성을 요청받는다. 이것을 'M-계획'이라 불렀다.

만약 공공장소에서 모임을 하지 못한다면 공장이나 전차 또는 버스, 아니면 각자의 집이나 가능한 어떠한 곳에서라도 모여야 합니다. 절대 굴복해서는 안 됩니다.

정부는 인종차별 정책 시행을 밀어붙였다. 아프리카인들을 위한 열등 교육인 '반투교육법'*과 소피아타운을 포함해 백인 거주지와 가까운 지역의 흑인을 강제로 이주시키려는 계획이 착착 진행된다.

내 선거구와 저 빈민가 사이에 철조망 하나도 없다니!

1953년, 만델라에게 내려졌던 금지령이 짧은 기간 동안 일시 해제되었다. 만델라는 소피아타운 모임에서 연설을 한다. 사람들은 강제로 추방당할 수 있다는 말에 분노했다.

저들은 우리의 적입니다!!

넬슨, 우리는 규율에 따라 행동해야 한다는 걸 명심하게. 폭력적인 저항은 도움이 되지 않아. 유혈 사태는 피해야 하네.

매일 계속되는 이런 잔인한 생활 속에서 그러기가 쉽지 않습니다.

시술루는 1953년 중국을 여행하며 무장투쟁의 방안에 대해 조사했다. 하지만 전혀 다른 대안이 없는 최악의 경우에만 이 방안을 고려해야 한다는 조언을 들었다.

마치 우리의 잘못으로 사람들이 쫓겨나는 것 같습니다.

우리가 할 수 있는 건 다 했다네.

소피아타운 교회의 트레버 허들스톤 신부는 투쟁의 든든한 아군이었다. 그는 만델라의 평생 동지가 된다. 소피아타운 강제 이주는 1959년에 마무리된다.

불도저와 경찰들이 몰려오고 있어요!

결국 법이라는 강력한 손에 의해 강제 이주가 진행된다. 1954년 '원주민재정착 법안'이 통과되었다. 1955년 2월, 2000여 명의 경찰 병력이 86대의 트럭을 대동하고 소피아타운을 밀기 시작했다.

우리 스스로 준비해야 해. 자네에 대한 금지령은 아직 그대로인가? 내일 프리토리아에 다녀올 수 있나?

소피아타운을 잃었어. 이제 다음은 무슨 일이 일어날까?

안녕 루스. 오늘 스케줄이 어떻게 되지?

평소나 다름없어요. 통행법 위반, 야간통행금지령 위반, 경찰 과잉 진압… 아, 그리고 백인 전용 식수대를 이용한 사건이 있네요.

나에 대한 금지령이 해제되지 않았다면 올리버 당신이 프리토리아로 가서 일을 처리해야 할 거예요.

판사님, 이 사람은 아프리카인으로 잘못 분류되어 통행증을 가지고 다녀야 한다고 합니다.

판사는 비상식적인 방법으로 한 사람의 인종을 결정하였다.

저 사람이 뒷줄 의자 방향을 보도록 돌려 세우시오.

법정 공방이 끝난 후…

넬슨, 다시 보게 되다니 반가워요.

조지! 내 말 좀 들어보게. 이 사람은 어제까지는 아프리카인이었는데 오늘부터는…

글쎄, 어깨가 처졌다는 이유로 유색인*이 되었다네.

조지 비조스는 만델라의 절친한 친구가 되었다. 그는 후에 법정에서 만델라를 변호한다.

이제 다시 일상으로 돌아가세요. 난 회의가 있어 이만 가봐야 합니다. 당신을 도울 수 있어 너무 기뻤습니다.

만델라 씨, 고맙습니다. 이제 일자리를 구하기가 수월해졌어요.

이 시기에, 앨버트 루툴리가 아프리카민족회의의 의장이 된다. Z. K. 매튜스 교수는 투쟁이 다음 단계로 나아가기를 원한다.

이제 다인종헌법을 만들어야 합니다.

새로운 헌법은 인종에 상관없이 이 나라 국민을 대표해야 합니다.

전 그 제안을 환영합니다.

이것이 〈자유헌장〉의 시초였다. 몇몇 사람이 반대했지만 만델라는 아프리카인이 투쟁의 지도자 자리를 뺏길 수 있다는 걱정을 내려놓는다.

자유헌장을 위한 캠페인에 아프리카민족회의, 인도인회의, 유색인 협회, 민주주의자회의, 4개의 단체가 참여한다. 이들은 함께 회의 동맹을 구성하고 전국적으로 사람들의 의견을 수렴한다.

이 사람은 열 명의 아내를 둘 수 있게 해달라는군.

난 반대예요!

우리나라와 전 세계가 다 알 수 있도록 우리 남아프리카 국민은 선포합니다. 남아프리카공화국은 백인이든 흑인이든 여기 살고 있는 모든 사람들의 것이며, 어떠한 정부도 국민들이 원치 않는다면 그 권한을 정당하게 주장할 수 없습니다.

1955년 6월 25일과 26일, 캠페인은 소웨토의 클립타운, 수천 명이 참가한 국민회의에서 최고조에 달한다. 그리고 자유헌장이 채택되었다.

금지령에 처해 있던 만델라는 멀리서 그 광경을 지켜보았다.

우린 지금 반역죄를 수사하고 있소. 당신들의 이름을 적고 수색이 끝날 때까지 그 자리에서 떠나지 마시오!!

경찰이 거기에 모인 모든 사람들을 일일이 조사했다.

아프리카너들이 다른 인종들을 독선적인 힘으로 누르려 하지만 우리는 모든 사람들이 평등하다고 주장하는 거야.

당신은 이제 집에 있는 시간이 없잖아요.

이런 억압 속에선 도무지 가만히 있질 못하겠소.

마치 신이라도 섬기는 듯하군요.

이즈음 만델라 부부에게 딸이 하나 더 생긴다. 죽은 언니를 기리기 위해 '마카지웨'라는 이름을 지어준다. 하지만 그들의 결혼 생활은 어려움에 처한다.

난 우리 가족을 보러 가봐야겠소.

만델라에게 내려진 두 번째 금지령이 해제되었다. 그는 이 틈을 타 요하네스버그를 떠나 트란스케이에 있는 가족들을 보러 가거나 아프리카민족회의 일을 했다.

45

요하네스버그로 돌아오자 그에게 세 번째 금지령이 내려진다.
1956년은 통행법에 반대한 여성들의 시위로 기억된 한 해였다.
만델라는 남아프리카여성연합의 대표였던 '릴리언 은고이'와
많은 대화를 나눈다.

그럼 역사상
가장 큰 시위가
되겠군요?

총리에게
우리가 누구인지
제대로 보여줄
거예요!

8월 9일, 통행법에 반대하여 역사상 가장 큰 규모의
여성 시위가 일어난다. 2만 여 명의 여성들이
스트레이덤 총리에게 서명을 전달하기 위해 유니언
빌딩을 향해 행진을 했다. 경찰은 프리토리아로 아예
접근하지 못하도록 많은 여성들을 막았다.

릴리언 은고이, 헬렌 요셉, 소피아 윌리엄스,
라히마 무스가 시위를 이끈다.

총리는 당연히 우릴
만나지 않겠지. 하지만
10만 명의 서명은 그에게
강력한 메시지를 보낼 거야.

스트레이덤, 당신은 우리 여성을 건드렸어,
바위를 친 거야. 잠자는 사자의 코털을 건드린 거지!
당신을 끝장내 버리겠어!

자유헌장이 채택된 후, 아파르트헤이트 정부는
정치 활동가들을 억압할 구실을 만들고 있었다.

지금 경찰은
최고 반역죄에 대한 수사를
하고 있습니다. 대략 200명
정도를 체포할 수 있을 것
같습니다.

경찰은 남아프리카 전체에 걸쳐 인종차별에 반대하는
활동가들에 대한 싹쓸이 수사를 진행한다.

47

제발 최고 반역죄만은 아니어야 할 텐데!

여보, 힘내요.

모두 합쳐 156명의 회의동맹 지도자들이 최고 반역죄 혐의로 붙잡혀 체포된다.

나만 붙잡혀 온 게 아니라니 그거 다행이군.

이 시기에 만델라는 에벌린이 그를 떠날 것이라고는 생각지 못했다. 아이들이 보는 앞에서 반역죄 혐의로 체포되는 모습을 보인 것이 걱정스러울 뿐이었다.

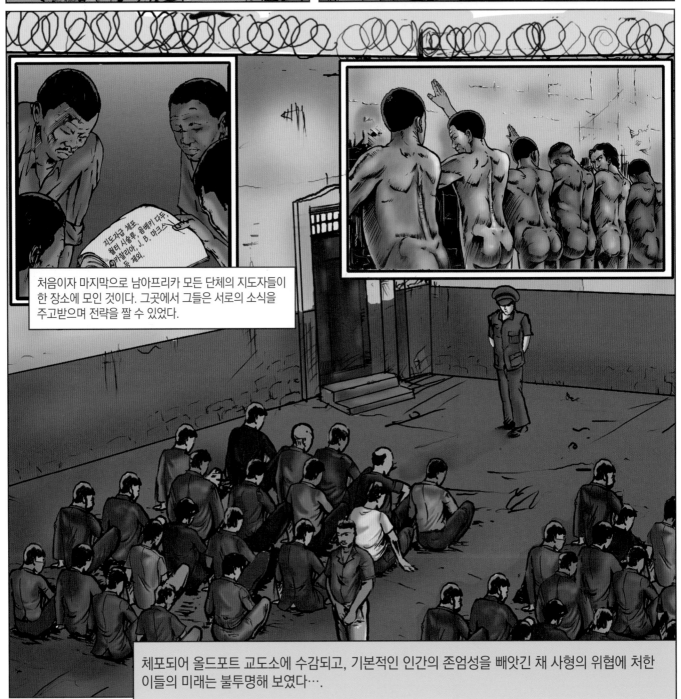

처음이자 마지막으로 남아프리카 모든 단체의 지도자들이 한 장소에 모인 것이다. 그곳에서 그들은 서로의 소식을 주고받으며 전략을 짤 수 있었다.

체포되어 올드포트 교도소에 수감되고, 기본적인 인간의 존엄성을 빼앗긴 채 사형의 위협에 처한 이들의 미래는 불투명해 보였다….

48

검은 별봄맞이꽃*

이곳이 바로 요하네스버그의 '드릴홀'입니다.
이곳에서 반역죄로 체포된 사람들이 법정에 섰어요.
2001년과 2002년 두 번의 화재에 불타버렸지만
지금은 재건축을 마쳤어요. 그리고 법정에 선 사람들을
기리기 위해 156개의 명판을 세웠지요.

1956년 12월 19일, 2주 동안 감방에서 보낸 후 156명의 피고인들은 요하네스버그의 드릴홀로 이송된다. 대규모의 피고인들을 철장 안에 가둔 채 수용하기 위해 만들어진 임시 법정이었다. 여기에서 최고 반역죄 혐의가 대법원으로 올라가기에 충분한지 판단하기 위한 예비 조사가 이루어졌다.

둘째 날, 검찰총장이 1만 8000자 분량의 기소 내용을 읽어내려 갔다.

판사님, 우리는 피고인들이 폭력적인 방식으로 국가를 전복하려고 공모했다는 것을 증명할 수 있습니다.

판사님, 저희 피고인들은 지금 마치 동물처럼 철장 안에 갇혀 있습니다. 이건 말도 안 됩니다.

이스라엘 마이셀, 노먼 로젠버그, 버논 베랑제, 모리스 프랭크스, 조지 비조스, 아서 체이스컬슨으로 구성된 최고의 변호팀이 꾸려진다.

WE STAND BY OUR LEADERS

우리의 지도자 결을 지키겠습니다

WE STAND BY OUR LEADERS

STAND BY OUR LEADERS

법정 밖에서는 지지자들이 단결된 모습을 보여주었다.

50

철창은 철거된다. 안에서 법정 공방이 진행되는 동안, 밖에서는 경찰과 지지자들이 충돌해 22명의 부상자가 발생한다.

우리의 지도자 곁을 지키겠습니다

WE STAND BY OUR LEADERS

재판 나흘째, 피고인들은 보석으로 풀려났어요. 아프리카인에겐 각각 25파운드, 인도인에겐 100파운드, 백인에겐 250파운드의 벌금을 부과했는데 사소하지만 벌금조차도 인종차별을 했어요.

드릴홀이 있던 곳은 현재 박물관이다.

법원은 내가 자네보다 최소한 75파운드 더 비싸다고 판결했네.

하하, 놀랍군!

이 시기쯤 만델라의 결혼 생활은 파국을 맞는다.

지금이라도 늦지 않으니 다시 잘해보게.

아니에요, 월터. 이미 끝났어요!!

변호인단 중 한 명인 브람 피셔와 그의 아내 몰리는
든든한 동지였다. 그들의 집은 다양한 인종의
동료와 활동가들이 모이는 장소였다.

재판은 1957년 1월
다시 재개됩니다.

남자는 자기가
태어난 곳에 땅을
가지고 있어야 해.

가족과 연락을 유지하는 것은 만델라에게 중요했다. 1956년 만델라는
전통적인 의무를 다해야 한다는 생각에 고향에 토지를 구입하기 위해
트란스케이로 향한다.

요하네스버그로 돌아온 만델라는 법률사무소와 재판정을
오가면서도 변호사 일을 계속해 나가려 노력했다.

정말 예쁜데,
누굴까?

몇 주 후, 애들레이드와 올리버 탐보를 만나고 있던
음식점에서 그녀를 다시 보게 되자 만델라는 놀란다.

그녀잖아!

우린 '비자나' 출신
친구들이에요.

이쪽은
위니 마디키젤라,
여긴 넬슨 만델라.

위니는 소웨토 바라과나스 병원 최초의
아프리카인 사회복지사였다.

그로부터 얼마 되지 않아 만델라는 그녀를 점심식사에
초대한다. 두 사람은 아프리카민족회의의 기금 마련에
대해 이야기를 나눈다.

다시
만날 수 있었으면
했어요.

만델라는 위니의 고조부가 19세기 음폰도 왕국의
주요 족장 중 한 명이었다는 사실을 알게 된다.

그들 사이에 끈끈한 연결고리가 있었던 것이다.
하지만 그들의 관계는 인생이란 시험에 들게 된다.

1957년 12월경, 재판 진행 중이던 사람들 중 61명에 대한 혐의가 철회된다.
나머지 피고인들은 고소 내용이 기각되기를 바랐지만 판사는 재판을
더 진행할 충분한 근거가 있다는 판결을 내렸다.

도대체 왜 나에게
이 여성을 소개하는 건지
궁금하군?

위니,
이 분은 루툴리
족장이에요.

만델라는 자신이 무엇을 하려는지
정확히 알고 있었어요. 그는 결혼에 필요한
위니 아버지의 허락을 받는 것과 혼인 비용을
마련할 계획을 시작했어요. 그리고 신문에
혼인 소식을 실었죠.

위니의 아버지는 '아프리카민족회의의 만델라'와의
결혼 생활이 쉽지 않을 것이라는 조언을 준다.

결혼식을 위해 고향 트란스케이로 갈 수 있도록 만델라에게
내려진 금지령이 며칠간 임시로 풀렸다.

걱정 마세요, 음쿨루*.
근처에도 가지
않을 테니까요.

위니는 고향인 비자나의 '음봉웨니'에 머물렀다.
전통에 따라 결혼 전까지는 떨어져 지내야 했다.

그리고 비자나 마을회관에서도 축하연을 열었다. 이 자리에서
위니의 아버지 콜럼버스 마디키젤라가 당부를 한다.

두 사람의 결혼은 도처에서 위협을
받고 있단다… 그래도 네 남편과 그의 민족과
함께 해야 한다….

1958년 둘은 결혼한다. 현대식과 전통 방식이 혼합된 결혼식이었다. 교회에서의
예식 후 마디키젤라 씨족이 오랫동안 살아온 곳에서 피로연이 열렸다.

닷새 동안의 잔치를 마치고 집으로 돌아가는 길,
선물로 받은 두 마리의 닭이 도망치고 만다.

올란도에서도 신혼부부를 위한 잔치가 열렸다.

그리고 몇 주 후, 마디바 씨족 친척들이 위니를 공식적으로 환영해 주기 위해 도착했다.

당신의 새로운 씨족 이름은 '노반들라'예요.

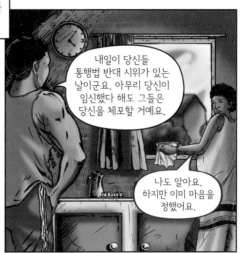

내일이 당신들 통행법 반대 시위가 있는 날이군요. 아무리 당신이 임신했다 해도 그들은 당신을 체포할 거예요.

나도 알아요. 하지만 이미 마음을 정했어요.

1958년 10월, 1000명 이상의 여성들이 체포되었고 2주 동안 감옥에 수감된다. 이들 중에는 위니 만델라, 릴리언 은고이, 알버티나 시술루도 포함되어 있었다.

알버티나, 이런 열악한 환경이 내 뱃속 아기에게 해가 될까 겁나요.

위니, 아기는 괜찮을 거예요. 믿음을 가져요.

지금 당신들 모두를 위해 법률 자문을 준비하고 있소.

넬슨, 여기는 너무 비좁아요. 매트 위에서 자는데 냄새가 참을 수 없을 정도예요. 그래도 우린 강하게 지내고 있어요.

자, 사랑스런 우리 아기. 넌 세상에 무슨 선물을 가져왔니? 그래, 이 아이를 '제나니'*라 부릅시다.

아프리카민족회의가 벌금을 내고 모두 풀려났지만, 위니는 병원 일자리를 잃는다. 돈에 대한 걱정으로 만델라는 트란스케이의 땅을 팔아야 했다. 하지만 새로운 생명이 그들에게 기쁨을 가져다주었다.

1958년 4월, 아프리카민족회의와 연합하는 동맹 단체들은 백인들에게만 선거권이 주어진 것에 항의하기 위해 사흘간의 무단결근 투쟁을 계획한다.

'아프리카니스트'*들이 우리 파업을 지지하지 않았습니다. 그들은 우리가 다른 인종 단체와 힘을 합쳐야 한다는 데에 동의하지 않고 있어요.

1958년 8월, 반역죄 재판이 프리토리아에서 재개됩니다. 그해 말 세 명의 판사는 혐의를 기각했어요. 하지만 한 달도 지나지 않아 피고인 중 30명에게 다시 혐의가 씌워졌어요.

소피아타운에서는, 여전히 강제 퇴거가 진행되는 중에도 사흘 내내 파업이 진행되었습니다. 경찰은 가정집을 급습해서 사람들을 강제로 일터로 내보냈어요.

아프리카민족회의 트란스발 지부는 1958년 11월 긴급 회의를 소집한다. 하지만 불행히도 아프리카니스트와 다른 멤버 단체들 간의 분열은 투쟁 자체를 좌초시킨다.

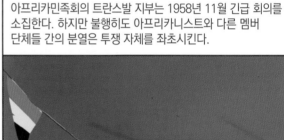

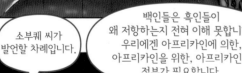

소부퀘 씨가 발언할 차례입니다.

백인들은 흑인들이 왜 저항하는지 전혀 이해 못합니다. 우리에겐 아프리카인에 의한, 아프리카인을 위한, 아프리카인의 정부가 필요합니다.

이러한 행동강령에 동의하지 않는 사람들은 지금 자리에서 떠나주십시오.

1959년 4월 6일, '로버트 소부퀘'가 새로운 단체인 '범아프리카회의' 의 초대 의장이 된다. 범아프리카회의는 자유헌장을 비롯해 다른 인종 단체와 협력하는 정책을 거부했다.

56

1959년 정부는 '흑인 자치구 정책'을 시행한다. 이것은 아프리카인들이 거주 가능한 지역을 축소하는 것을 의미했다. 당연히 여러 곳에서 저항이 일어났는데 특히 만델라의 고향에서 가까운 폰돌란드 지역에서 심했다.

위니와 만델라 둘 모두 흑인 자치구 제도에 반대했어요. 하지만 딜레마에 직면하죠. 만델라의 조카 마탄지마는 자치구의 지도자였고, 위니의 아버지는 그 위원회에서 일했기 때문이에요.

킨스멘이 만델라의 조언을 구하기 위해 올란도에 도착한다.

이 부분에 대한 아프리카민족회의의 입장은 확고합니다. 정부 편에 서서 더러운 일을 하기로 선택한 족장들을 도와줄 수는 없습니다.

이건 전쟁이나 다름없어요. 우리를 감옥에 가두고, 고문하고 심지어 죽이기까지 하니까요. 가축도 풀도 충분하지 않아 먹고 살기도 힘듭니다.

이해관계가 복잡하게 얽힌 와중에, 위니가 열 살 때부터 그녀를 길러준 할머니가 돌아가신다.

1960년 내내, 아프리카민족회의는 억압적인 법에 반대하는 운동을 계속해 나간다.

우린 3월 31일 반통행법 캠페인을 시작할 것입니다.

그리고 6월 26일 통행증을 불에 태우는 것으로 마지막을 장식할 계획입니다.

통행법 반대 운동이 시작되기 2주 전, 범아프리카회의 지도자들은 독자적인 통행법 반대 성명을 발표한다.

아프리카인을 위한 아프리카
범아프리카회의

사흘 안에 여러분 모두 통행증을 집에다 두고 경찰서로 가서 자수하세요. 그리고 요구하세요. 보석을 원하지 않는다. 변호사도 필요 없다. 벌금도 내지 않겠다고.

58

사고 소식은 반역죄 재판 중인 사람들에게도 빠르게 전해졌다. 아프리카민족회의 지도부는 조 슬로보의 집에 모여 행동 방향을 논의했다.

이런 일이 일어났는데도 더 이상 앉아서 비폭력만을 얘기할 수는 없습니다.

정부가 해도 너무하는군.

그들은 통행증 소각 운동, 무단결근, 그리고 3월 28일 추모의 날 행사를 밀어붙이기로 정한다.

아프리카민족회의는 정부의 억압이 날로 심해질 거라는 걸 알고 있었다. 그래서 올리버 탐보는 나라 밖으로 몰래 도망쳐 외부에서 아프리카민족회의를 재건하고자 한다

1960년 3월 31일, 국가비상사태가 선포되어 정부에 저항세력을 싹 밀어버릴 권한이 주어진다. 많이 알려져 있던 활동가들을 포함해 2000여 명이 체포된다. 자정이 지나 만델라의 집에도 경찰이 밀어 닥쳤다.

영장은 어디 있어요? 그이를 어디로 데려가는 거예요?

신경 꺼!

만델라는 소피아타운 근처 뉴랜즈 경찰서로 끌려갔다. 감방은 사람들로 가득 차 서 있을 수도 없을 정도로 비좁았다.

조용히 안 해?

우리에게 음식과 물을 주시오!

수감자들에겐 묽은 옥수수죽과 이와 바퀴벌레투성이인 것도 모자라 핏자국이 난 담요가 주어졌다.

다음 날 밤 풀려나는 듯했지만,

몇 초도 지나지 않아 비상사태 규정에 의거, 공식적으로 다시 체포된다.

만델라와 몇몇 사람들은 프리토리아 교도소로 이감된다.

1960년 4월 8일, 아프리카민족회의와 범아프리카회의에 활동금지령이 내려진다.

비상사태 상황에서는 당신을 변호해 줄 수 없습니다.

브람, 이해해요.

변호사들은 사건에서 손을 뗀다.

만델라와 다른 한 명의 변호사인 듀마 노크웨는 동료 수감자들에게 반역죄 재판 시 변호에 대한 법률 조언을 해주었다.

이 시기에 만델라와 탐보의 법률사무소는 10년 만에 마지막을 맞이하게 된다. 만델라는 사무소의 마지막 업무를 처리하기 위해 경찰의 호위 아래 요하네스버그로 이동했다.

걱정 말게, '케이시'. 자네는 잘 준비되어 있다네.

케이시는 아메드 카트라다를 부르는 별칭이다.

5개월 후 수감자들은 풀려났고, 8월에 비상사태는 종료되었다.

여보, 보고 싶었어요.

청년동맹과 여성동맹을 해산하고 새로운 소규모 운영위원회를 만들기로 결정했습니다.

조만간 새로운 식구가 한 명 더 느는 거 알고 있죠?

알아요, 생계를 위해 새로운 일자리를 찾아 봐야겠소. 마침 케이시가 자기 아파트를 사용하게 해준다는군요.

금지령에 묶인 아프리카민족회의는 'M-계획'에 따라 활동가들의 비밀 지하조직에 의존하여 운영해야 했다.

1960년 12월, 만델라는 트란스케이에 있던 아들 마카토가 아프다는 소식을 듣는다.

금지령인데 괜찮겠어요?

아들을 보러 가는데 체포하려면 하라지.

만델라는 밤새 차를 운전했다. 마탄지마의 아내가 마카토를 간호하고 있었다. 두 사람의 정치적인 견해는 비록 달랐지만 동족으로서의 유대감은 강했다.

마디바, 운전 조심하세요.

요하네스버그에 있는 병원으로 애를 데려가야겠어요.

애는 괜찮을 거야. 위니한테 가봐야겠어.

이제 가보세요.

그가 트란스케이로 급히 떠난 동안, '자리를 잘 잡은 아이'라는 뜻을 가진 둘째 딸 '진드지스와'가 태어난다.

아프리카민족회의 전국 지도자로서 만델라는 여러 곳을 돌아다녀야 했다. 1961년 1, 2월에는 3월에 있을 전아프리카회의 준비를 위해 전국을 돌아다녔다.

여보, 재판은 연기됐지만 회의에는 참석해야 할 것 같아요.

당신이랑 같이 있는데도 당신이 없는 것처럼 느껴지는군요.

지하활동을 시작하기 전 에벌린 집에 가서 아이들에게 작별인사를 해야겠어요. 트란스케이에 있는 템비는 볼 수 없을 것 같소.

반역죄 재판이 끝나자마자 은둔 생활을 시작해야 함을 알고 있던 만델라는 피터마리츠버그로 떠난다.

62

만델라는 5년 만에 처음으로 대중연설을 한다.

모든 남아프리카 국민들이 새로운 헌법을 만들 수 있도록 우리 아프리카인들은 하나로 뭉쳐야 합니다.

권력은 우리 것

만약 정부가 우리의 목소리를 듣지 않는다면 우린 더 과격한 투쟁을 전개할 것입니다. 남아프리카 밖에서도 우리를 지지할 것입니다.

아만들라 은가웨투!*

우리 국민들이 앞으로의 기나긴 투쟁을 할 준비가 되어 있구나.

만델라는 페르부르트에게 편지를 보내 헌법에 대해 대화를 하자고 회담을 제안한다. 하지만 답은 없었다. 정부가 남아프리카를 공화국으로 선포하는 것에 맞춰 만델라의 주도 아래 파업이 계획된다.

1961년 3월 29일, 5년이 지나서야 반역죄 재판이 끝난다. 럼프 판사는 최종 판결을 내렸다.

무죄를 선고합니다. 아프리카민족회의는 폭력으로 정부를 전복시키려 하지 않았습니다. 검찰은 그들이 공산주의자들이라는 걸 증명하지 못했습니다.

결과에 안심했지만, 만델라는 이제부터 외롭고 위험한 은둔 생활을 하며 지하에서 아프리카민족회의를 조직해야 한다는 걸 알고 있었다.

아프리카의 신이시여 그를 보살펴주소서.

만델라가 은둔 생활을 시작하자마자 그에 대한 또 다른 체포영장이
발부되었다. 이 시기에 그는 비밀스럽게 전국을 돌아다니고 있었다.
포트엘리자베스에서는 고반 음베키와 레이먼드 음라바를 만난다.

몇몇 사람들이
우리의 새로운 지도체계를
못마땅하게 생각하고
있어요. 그들에게 뭐라고
말해야 하나요?

지금 아프리카민족회의는
불법이기 때문에 새로운 조직체계가
필요하다는 걸 명심해야 합니다.

맞아요, 작은 지하조직
거점을 만드는 게 더 나을 것
같습니다.

노동자들을
설득해야
합니다.

만델라는 케이프타운에서 종교단체들과 만나 지지를 호소했다.

페르부르트에게도
편지를 보내 인종차별이 없는
새로운 헌법이 필요하다고
설명했습니다.
하지만 그는 무시했습니다.

사흘 동안 무단결근
투쟁에 동참해 주십시오.
대중시위는 없습니다.
더 이상 경찰의 폭력 진압을
원치 않습니다.

만델라는 〈랜드 데일리 메일〉의 벤저민 포그런드를 포함해
전국적으로 여러 기자들과 접촉을 했다. 지하에서 활동하던
만델라는 추적이 불가능해 마치 신비스러운 '검은 별봄맞이꽃'
같았다.

나탈에 간 만델라는 사탕수수 밭 노동자들을 방문했다.

우린 여전히
비폭력저항 노선을
취할 겁니다.

계속 새로운 소식을
알려줄게요. 무단결근 투쟁은
평화롭게 진행될 겁니다.

근데 정부에서는
다르게 얘기하고
있습니다.

그건 정부가 우리 운동을
방해하려는 술수예요.
우린 폭력에 반대합니다.

런던에 있던 올리버 탐보는 정부가 이번에도 무단결근 투쟁을
막으려 한다면, 이번이 아프리카민족회의가 평화로운 방식으로
운동을 전개하는 마지막이 될 거라고 경고한다.

파업이 시작되기도 전에 정부에서는 모든 모임을 금지했고, 가정집을 급습하여 1만 여 명의 사람들을 체포했으며, 제2차세계대전 이후 가장 큰 규모의 병력을 소집했다. 무단결근이 진행되는 동안 만델라와 행동위원회 회원들은 안전가옥에 머물렀다.

왜 우리 파업을 이렇게 작게 다루는 겁니까? 범아프리카회의의 방해에도 불구하고 사람들은 우리의 말을 따랐단 말입니다.

왜냐면 파업이 절반의 성공만을 거뒀다는 소식이 있었습니다.

믿을 수 없군! 신문이 우리의 파업 내용을 축소해서 다루고 있어.

파업 당일, 루스는 만델라의 첫 번째 TV 인터뷰를 마련해 줬다. 만델라는 영국 ITN 방송 기자와 만난다. 하지만 다음 날, 파업을 철회하기로 결정한다.

많은 사람들이 무장도 하지 않은 힘없는 시민들을 폭압적으로 공격하는 정부에 대항해 평화롭고 비폭력적인 방식으로 대화를 하는 것이 무의미하냐고 말하고 있습니다.

우리는 아프리카인들 한 명 한 명이 모두 투표권을 가질 수 있는 기본적인 것을 요구합니다. 우린 정치적 독립을 원하는 겁니다.

물론 아프리카민족회의의 모든 회원들이 무장투쟁 제안에 찬성하는 것은 아니었다. 1961년 7월 전국지도자회의에서는 이 문제를 논의한다.

우리가 지금까지 취해 왔던 비폭력 방식이 적합한지에 대해 재고할 때가 되었습니다.

65

전국지도자회의는 카줄루-나탈 주에 위치한 한 사탕수수 농장에서 열렸다. 무장 병력을 구성하는 안건이 의제로 오른다. 폭력 사용을 유보하자는 의견도 있었다.

우린 시민들이 다치는 것을 원치 않습니다. 정부 조직에 대한 사보타주* 계획을 추진합시다.

수많은 논의 끝에, 만델라가 '민족의 창'이라는 뜻의 군사조직인 '움콘토 웨 시즈웨'의 최고사령관으로 임명된다. 이제 사람들을 모으고 담당자들을 뽑아야 했다.

하지만 비폭력 전략이 잘못된 게 아니라 우리가 그걸 제대로 이용 못 한 겁니다.

정부 조직에 대한 사보타주는 아주 조심스럽게 진행되어야 합니다.

이 군사조직은 아프리카민족회의와 별도로 운영되지만 최종적으로는 아프리카민족회의에 보고해야 하는 것으로 결정되었다. 그리고 다음 날 나머지 회의동맹 단체들을 설득하기로 결정한다.

여전히 숨어 다녔지만, 만델라는 좌파 신문이던 〈뉴에이지〉의 울피 코데시 기자와 함께 '여빌'의 한 아파트에서 지낸다.

날 도와줄 사람들이 필요하다네.

운동을 좀 해야겠는데… 아침에 밖에서 조깅하는 건 너무 위험하겠지.

지금 뭐하는 거예요. 아직 아침 다섯 시밖에 안 됐어요.

자네도 이리 와 같이 하자고.

결국 울피도 매일 아침 만델라와 함께 운동을 하게 된다.

제가 출근한 동안 뭘 하며 지내세요?

이 책에서 배울 게 많은 거 같아.

맞아요, 클라우제비츠가 전쟁에 관해서는 문학의 셰익스피어와 같은 인물이죠.

저기 창문에 있는 신 우유*는 뭐지? 여기 분명히 아프리카인이 살고 있는 거야.

넬슨, 여긴 너무 위험해졌어요. 다른 곳으로 이사해야겠어요.

건물 청소부들이 의심하기 시작한다···

67

아빠, 집엔 언제 와요?

만델라는 정원사로 변장했다.

안녕하시오.

회의에도 참석했다.

제2차세계대전에 참전했던 조 슬로보와 잭 호지슨도 그가 만난 사람들 중에 있었다.

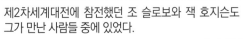

잭이 사보타주와 관련해 우리를 도와줄 몇 가지 구상이 있다고 합니다.

우리가 만약 이 중요 지역을 목표로 삼으면 국가의 주요 시설들 간의 연결고리에 타격을 줄 수 있습니다.

그래, 맞아. 최소한의 인원으로 최대한의 효과를 낼 수 있겠군요.

만델라, 코데시, 호지슨 세 사람은 아무도 사용하지 않는
벽돌공장에서 직접 만든 폭발물을 시험한다.

그래, 이렇게
해봅시다!!

성공했어!

쾅과쾅!

그래요. 용병을 훈련시킬
네 개의 거점을 확보했어요…
'M-계획'이 제대로
진행되는 것 같군요.

이제
준비가 된 것
같습니까?

당신에겐
쉽지 않은
생활이란 걸
알아요.

여보,
라디오 좀 들어봐요.
루툴리 족장이
지금 노벨평화상을
수상하고 있어요.

위니는 가능한 한 자주 만델라를 방문했지만 몇몇 사람들은
둘의 관계가 소원해지고 있다고 생각했다.

70

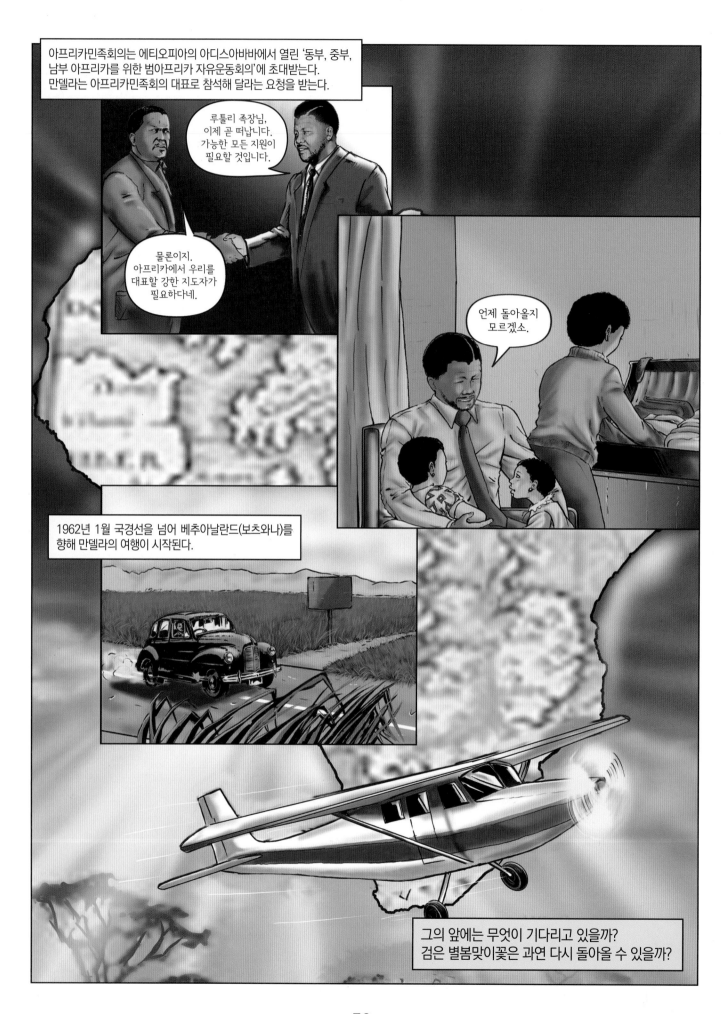

아프리카민족회의는 에티오피아의 아디스아바바에서 열린 '동부, 중부, 남부 아프리카를 위한 범아프리카 자유운동회의'에 초대받는다.
만델라는 아프리카민족회의 대표로 참석해 달라는 요청을 받는다.

루툴리 족장님, 이제 곧 떠납니다. 가능한 모든 지원이 필요할 것입니다.

물론이지. 아프리카에서 우리를 대표할 강한 지도자가 필요하다네.

언제 돌아올지 모르겠소.

1962년 1월 국경선을 넘어 베추아날란드(보츠와나)를 향해 만델라의 여행이 시작된다.

그의 앞에는 무엇이 기다리고 있을까?
검은 별봄맞이꽃은 과연 다시 돌아올 수 있을까?

그해 1월 말경, 만델라는 회의 참석을 위해 아디스아바바에 도착했다. 에티오피아의 하일레 셀라시에 황제와 다른 많은 아프리카 지도자들이 남아프리카에서의 투쟁에 대해 전적인 지원을 약속한다.

저는 남아프리카 아프리카민족회의를 대표하는 넬슨 만델라입니다.

우리의 투쟁에 지원을 약속한 셀라시에 황제를 비롯한 모든 국가 정상들에게 진심으로 감사를 표합니다.

남아프리카는 무력에 의해 지배당한 땅입니다. 1960년 3월 21일, 샤프빌에서는 60명 이상의 아프리카인들이 경찰의 총에 맞아 사망했습니다.

우리에겐 정부의 어떠한 무력 사용에도 살아남을 수 있는 굳건한 투쟁 운동이 필요합니다.

저는 남아프리카로 돌아가 자유를 위한 일을 계속해 나갈 것입니다.

아프리카민족회의의 계획에 대한 수많은 질문들이 쏟아졌다. 그리고 잠비아의 차기 대통령이 될 케네스 카운다와 만난다.

당신이 백인 공산주의자들과 연합한 것에 대해 불만인 사람들이 있습니다. 그들은 아프리카인들이 이끄는 아프리카를 보기를 원합니다.

남아프리카에는 모든 인종이 참여하는 국가회의와 모두를 대변하는 헌법이 필요합니다.

넬슨, 나도 그 말에 동의하고 지지합니다. 하지만 다른 수많은 사람들을 설득해야 할 겁니다.

그는 아프리카 여행을 계속했고 모로코의 우지다에서 처음으로 무기 사용법을 교육받는다.

만델라가 이 여행 중에 쓴 일기장은 프리토리아의 국가기록원에 남아 있다.

만델라는 아프리카의 여러 곳을 여행했다. 세네갈에서 그와 올리버 탐보는 레오폴 상고르 대통령과 만난다.

올리버, 자네 안 좋아 보이는군. 호텔로 다시 데려다 주겠네.

아닐세. 이 미팅은 정말 중요해….

그럼 내가 자네를 업고 가겠네.

우리는 루툴리 족장을 아주 존경합니다. 할 수 있는 모든 도움을 드리겠습니다.

탐보는 며칠간 침대에 누워 있어야 했다. 그가 어느 정도 회복하자, 둘은 런던으로 날아가 영국의 정치인, 언론인, 남아프리카 활동가, 그리고 해외 지지자들과 만난다.

이 중 한 명이 해외 기금을 조달해 주던 반인종차별 운동의 지도자 존 콜린스 신부였다.

만나서 반갑습니다.

당신의 도움이 없었다면 우리는 일을 계속해 나갈 수 없었을 겁니다.

소웨토 출신의 토드와 에스메 마치키자를 만날 거야.

기자이면서 유명한 아프리카 뮤지컬 〈킹콩〉의 작곡가였던 토드와 그의 아내는 런던에서 망명 생활을 하고 있었다.

넬슨, 그런데 왜 그런 생활로 다시 돌아가려는 거예요?

경찰이 열 달째 나를 쫓고 있습니다.

다시 돌아가 투쟁에 합류해야 합니다.

런던을 떠나기 전, 만델라는 그의 오랜 친구이자 인도인회의 의장이었던 유서프 다두를 만난다.

유서프 씨, 많은 아프리카인들이 우리의 다인종화합정책을 받아들이지 않고 있어요. 우리에 대한 잘못된 인식을 바꾸어야 합니다.

지금 우리 정책을 바꾸자는 말입니까?

아닙니다. 하지만 이런 시선에 대해 심각하게 고려해 볼 필요는 있다고 봅니다. 아프리카민족회의를 대중적으로 대표하는 인물을 바꾸는 것도 방법이겠죠.

릴리스리프에서 만델라는 아프리카민족회의 운영위원회에 그의 여행에 대해 보고한다.

루툴리 족장에게 내가 파악한 문제점들을 얘기해야겠어요.

지금 움직이는 것은 안전하지 않습니다.

케이시, 난 가야만 하네. 족장이 내가 우리의 정책 노선을 포기했다고 생각하고 있어.

회의동맹의 활동가였던 세실 윌리엄스의 운전사로 가장한 만델라는 루툴리 족장을 만나기 위해 콰줄루-나탈로 향한다.

루툴리 족장은 다른 아프리카 지도자들의 의견에 대해 만족하지 않았다.

그들이 우리에게 지시할 권리는 없다네.

우리에게 지시하는 것이 아닙니다…. 문제는 많은 아프리카 지도자들이 우리 아프리카민족회의를 그렇게 보고 있다는 겁니다.

1962년 8월 5일 만델라와 윌리엄스는 요하네스버그로 향한다. 이번엔 윌리엄스가 운전했다.

큰일 났군.

경찰이다! 이제 자유로운 생활도 끝났구나!

만델라는 황급히 총과 여행 일기를 좌석 밑에 숨긴다.

만델라는 감옥에서 런던대학 법학과정에 등록한다.

위니의 생활은 힘들었다. 브람은 그녀에게 나라 밖으로 도피할 것을 권유한다.

하지만 위니의 투쟁 의지는 강했다. 그녀는 인도청년회의에 초대받아 연설을 하게 된다. 그녀의 첫 번째 대중연설이었다.

연설을 마친 위니는 만델라를 면회하러 올드포트로 간다.

시술루도 요하네스버그에서 별도의 재판을 받고 있었다. 지지자들을 분산시키기 위해 둘의 재판을 프리토리아와 요하네스버그로 나누어 진행한 것이다. 1962년 10월 15일, 두 법정은 아프리카민족회의 지지자들로 가득 메워졌다.

시술루는 6년형을 구형받았지만 보석 중에 행방을 감추고 지하조직으로 들어간다.

만델라는 그에게 있어 아프리카 민족주의의 강력한 상징이었던 전통 의상을 걸치고 법정에 섰다.

수많은 마디바 부족민들이 참관인석을 가득 채웠다. 만델라는 판사에게 재판 연기를 신청했고 일주일간 재판을 준비하도록 허락받는다.

경찰은 만델라의 카로스*를 빼앗으려 했다.

그 담요를 벗으라는 총독의 명령이오!

당신 상관에게 가서 전하시오! 카로스는 절대 뺏을 수 없소! 만약 이 옷을 건드리면 기소하겠소.

왜 본인은 이 법정에서 백인 판사, 백인 검사, 백인 경호원들에 둘러싸여 있어야 하는 겁니까? 백인의 법정에 선 흑인이로군요.

이 편지를 총리에게 전달했습니까?

그렇습니다.

검찰은 100명이 넘는 증인을 불렀다. 만델라는 자신의 혐의에 대해 변론하는 대신 당시 총리 비서실장이었던 바너드를 강하게 추궁했다.

하지만 총리는 답신을 하지 않았습니다. 이 편지가 중대한 사안을 제기하고 있다는 것에 동의합니까?

동의하지 않습니다.

총리에게 보낸 편지에서 만델라는 모든 인종이 참여하는 국민회의 소집을 요구했다.

세계 어느 문명국에서나, 총리가 절대 다수의 자국민에게 영향을 미치는 중요한 사안을 제기하는 편지에 답변을 하지 않는다는 것이 큰 문제라는 것에는 동의합니까?

동의하지 않습니다!

83

84

5월 24일, 아무런 사전 통보도 없이 만델라는 로벤 섬 교도소로 이감됩니다.
케이프타운에서 약 13킬로미터 떨어진 이 섬은 여러 용도로 사용되었어요.
19세기에는 코사 족장들의 감옥, 나병 환자와 정신병자 수용소,
제2차세계대전 진지, 그리고 교도소로도 쓰였습니다. 죄수들 중에는
네덜란드 식민지에 반대해 싸웠던 동인도 출신의
정치·종교 지도자들도 포함되어 있었지요.

움직여!
움직이란 말이야!
여긴 프리토리아가
아니야!

일을 하던 중 만델라는 도랑을 파고 있는
조카를 보게 된다.

'은카베니',
너니?

마디바 삼촌!

만델라가 최근의 아프리카 여행 중 논의했던
일들에 대한 소문이 퍼진 모양이었다.

삼촌,
범아프리카회의에
합류하셨다
면서요?

아니,
그건 사실이
아니야.

85

1963년 7월 11일, 릴리스리프 농장에서의 마지막 모임이 열린다.

하지만 모임을 시작한 지 얼마 지나지 않아 경찰이 급습했다.

움직여!

월터 시술루, 아메드 카트라다, 고반 음베키, 레이먼드 음라바, 밥 헤플, 데니스 골드버그, 라이오넬 번스타인 등 현장에 있던 모든 사람들이 체포된다.

쾅! 쾅! 쾅!

대부분의 모임 참석자들은 변장을 하고 있었다. 시술루가 창문으로 도망치려 했고 카트라다도 달아나려 했다.

으르렁

멈추지 않으면 쏜다!

멍멍!
멍멍!

잠시 후 아서 골드라히도 체포된다. 엘리아스 모초알레디, 앤드류 음랑게니, 제임스 캔토, 해럴드 올페도 다른 장소에서 잡힌다.

릴리스리프에서 발생한 일에 대해 알지 못했던 만델라는 프리토리아로 이감되어 다시 독방에 감금됩니다. 그가 쓴 일기장과 서류들이 현장에서 압수되었다는 것도 모르고 있었어요. 그가 지시한 대로 서류들을 폐기하지 않았던 거지요.

토마스 마시파네가 여기에 있다니?

토마스가 잡혔다면 릴리스리프도 습격당했겠군.

LIONEL BERNSTEIN
라이오넬 번스타인

DENIS GOLDBERG
데니스 골드버그

ELIAS MOTSOALEDI
엘리아스 모초알레디

WALTER SISULU
월터 시술루

ANDREW MLANGENI
앤드류 음랑게니

RAYMOND MHLABA
레이먼드 음라바

GOVAN MBEKI
고반 음베키

AHMED KATHRADA
아메드 카트라다

릴리스리프에서 체포된 이들은 90일 구금법에 의해 프리토리아 감옥에 투옥된다. 마셜스퀘어 경찰서에 잡혔던 무사 물라, 압둘라이 야사트, 해럴드 올페, 아서 골드라이히는 간신히 도망쳤다.

독방에서 외로운 시간을 보낸 이들은 마침내 혐의를 인정받고 동료와 가족들이 선임한 변호사를 만나는 것을 허락받는다.

브람 피셔, 버논 베랑제, 조엘 조페, 조지 비조스, 아서 체이스컬슨이 피고들의 변호를 맡기로 했지만 제임스 캔토와 밥 헤플의 상황은 해결하기가 쉽지 않았다.

넬슨, 살이 좀 빠졌군.

찬 죽만 먹어서 그렇다네.

일이 심각해. 정부에서는 사형을 요청할 텐데 말이야.

저는 정부 측 증인으로 출석해 달라고 요청받았어요. 근데 아직 어떻게 해야 할지 정하지 못했습니다.

저에 대한 재판은 다른 이들과는 따로 해야 합니다. 전 단지 처남인 올페가 도망쳐서 잡혀온 겁니다.

국가 대 전국최고사령부(넬슨 만델라) 외 다수 간의 재판이 1963년 10월 9일 프리토리아 대법원에서 시작된다. 기결수인 만델라는 다른 죄인들과는 별도로 재판을 받았다.

쿼터스 드 웨트 판사장을 재판관으로 배정했군. 이 분은 정부가 시키는 대로 하는 걸 싫어하신다고 들었어!

죄인들에 대한 심문은 트란스발 법무차관인 퍼시 유타 박사가 맡았다.

검찰을 대신해 기소된 모든 이들이 혐의가 있다고 주장합니다.

변호인 측에서 볼 때 만델라 씨는 156조에 의거, 사보타주 공모 혐의로 기소되었는데 그 일은 만델라 씨가 감옥에 있을 때 발생한 사건이므로 피고인이 저지를 수 없었습니다.

재판관은 변호인 측이 기소 내용에 대해 파악할 수 있도록 3주 동안 재판을 연기한다. 유타가 제시한 혐의 내용들은 모호하고 확실하지 않았다.

재판관님의 현명한 판단을 요구합니다. 혐의를 기각하지 말아주십시오.

혐의 내용에 분명 문제가 있습니다. 이 사건의 기각을 명령합니다.

이제 우린 자유다!

함 땅

당신들 모두를 사보타주 혐의로 체포한다.

유타의 혐의 주장은 판사에 의해 기각되었고 피고인들은 잠시 동안의 자유를 얻는다.

하지만 몇 분도 지나지 않아 그들 모두가 다시 체포된다.

재판관님! 피고석에서의 진술은 '선서'를 한 후 증인석에서 하는 증언과 같은 효력을 가질 수 없습니다.

존경하는 재판관님, 넬슨 만델라 씨가 피고석에서 서서 진술문을 낭독하는 것으로 변호를 시작하겠습니다.

피고측 변호인도 잘 알고 조언을 했을 겁니다.

저는 5년간 복역하고 있는 기결수입니다…

저는 어떤 외부인이 무슨 말을 해서가 아니라 제 자신이 자랑스러운 아프리카인이기 때문에, 한 개인으로서 또한 아프리카인의 지도자로서 모든 활동을 했습니다…

전 우리 부족의 어른들이 해준 옛날이야기를 들었습니다. 그래서 전 그 당시에 제 인생을 아프리카인에게 봉사하는 데 바치고 그들의 자유를 위한 투쟁에 보잘것없을지라도 기여할 수 있기를 바랐습니다…

전 민족의 창을 결성하는 데 가담한 사람들 중 한 명입니다… 우리 아프리카민족회의는 항상 인종차별 없는 민주주의를 지지해 왔습니다…

우리는 내전 상황을 원치 않았습니다…

우리의 싸움은 상상이 아닌 실제로 존재하는 어려움에 대한 저항입니다… 우리는 빈곤에 맞서 싸우고 인간으로서의 불평등에 맞서 싸우는 것입니다.

무엇보다도 우리는 평등한 정치적 권리를 원합니다…

전 지금까지 저의 인생을 아프리카인의 투쟁에 헌신했습니다. 전 백인 지배에 맞섰고 또한 흑인 지배에도 맞서 싸웠습니다. 전 모든 사람들이 동등한 기회를 누리며 조화롭게 살 수 있는 민주적이고 자유로운 사회라는 이상을 소중하게 여겨왔습니다.

저는 이 이상을 위해 살기를, 이것을 성취하기를 원했습니다. 하지만 필요하다면 이 이념을 위해 제 목숨을 바칠 준비가 되어 있습니다.

93

94

5

죄수번호 466/64

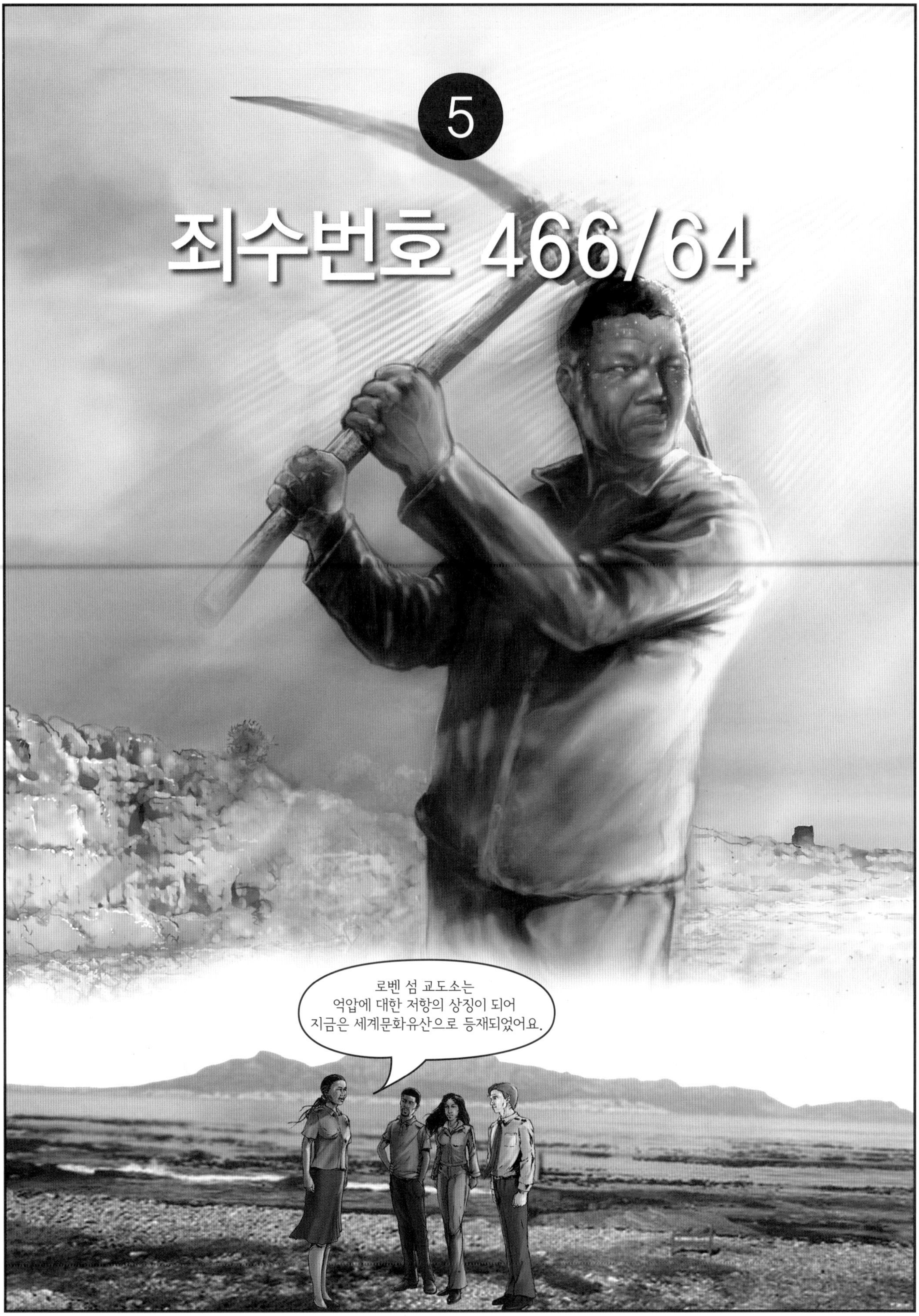

1964년 로벤 섬 교도소. 만델라와 19명의 다른 재소자들은 정치범들을 수용하기 위해 새로 지은 B동으로 이감되기 전 오래된 감옥에 머물렀다.

교도관들은 매일 새벽 5시 30분 죄수들을 기상시켜 감방 정리와 변기 청소를 시켰고 차가운 옥수수죽을 아침으로 주었다. 그리고 나서 교도소 마당에서 돌을 자갈 크기로 부수는 일을 시켰다.

기억해. 만델라가 말했어. "중요한 건 힘보다 균형이야."

거기, 수레 빨리 움직여!

종신형이 사형보다는 나은 거야.

함께 노동을 하고 난 후 점심으로 옥수숫대와 순무를 먹고 누룩으로 만든 음료를 마셨고, 차가운 물로 몸을 씻고는 독방에서 외로이 저녁식사를 했다. 음식과 죄수복에도 인종차별이 있었는데 그걸 없애기 위해 기나긴 투쟁을 해야 했다.

"난 내 운명의 지배자요, 내 영혼의 선장이다."*

466/64

만델라는 1964년에 수감된 466번째 죄수였다. 마흔 네 살이었던 만델라는 한 평이 채 되지 않는 작은 감방에 감금되어 있었다. 매섭게 추운 겨울철 유일한 위안은 사이잘 섬유로 만든 매트리스와 얇은 모포 세 장뿐이었다.

인터뷰는 잘 됐어. 이제 평상시로 다시 돌아가는 거야!

잔치는 끝났어!! 움직여, 움직여! 돌을 깨서 양동이에 담아!

만델라, 당신과 시술루에게 내일 면회가 있을 거요.

위니와 알버티나인가 보군.

애들은 잘 있어요. 그런데 전 일자리를 잃었어요.

저에게 내려진 금지령 때문에 서부 올란도 이외의 지역으로는 움직일 수 없어요.

정말 미안하오, 자미*.

D등급 죄수였던 만델라에겐 6개월마다 단 한 번의 면회와 한 통의 편지만이 허락됐다.

힘내요.

네, 그렇게요. 우리가 하려는 일은 정당하니까요.

면회 소리! 면회 소리! 면회 소리! 30분이 지났다!

얼마가 지나야 위니를 다시 볼 수 있을까? 내가 그녀와 아이들을 지켜줄 수만 있다면….

오, 알버티나. 그이가 너무 말랐어요.

위니, 우리 남편들의 육체는 말라가고 있지만 정신력은 점점 강해지고 있어요.

1964

면회는 16세 이상의 가족만 할 수 있었다. 방문객들은 영어 또는 아프리칸스어*로만 대화를 해야 했고 가족에 대한 것이나 집안의 경제 형편에 대해서만 얘기할 수 있었다.

재소자들은 시계를 찰 수 없었다. 종소리, 명령하는 목소리, 호각 소리가 그들의 일상을 규정지었다. 만델라는 날짜가 가는 것을 확인하기 위해 자신만의 달력을 만들었다.

1965년 1월부터 재소자들은 교도소에서 몇 킬로미터 떨어진 석회 채석장에서 노동을 시작한다.

DING... 땡... DING... DONG... DONG... 땡... DING... DONG!! 땡!! 땡 DING

천천히, 천천히 걸어야 해... 뭐라고 말하든 뛰지 않을 거야.

빠
대게 콘트레!

석회암에서 나오는 열기와 빛 때문에 참을 수가 없군. 선글라스가 필요해.

금지야!

채석장에서의 몇 달 동안은 죄수들끼리 얘기하는 것이 금지되었다.

101

삐이익!!

불평하지 마!
그리고 날 대장님이라 불러!!

난 당신을 절대 '대장님'이라
부르지 않을 거야. 그리고 꼭
선글라스를 갖고야 말겠어.

교도관들을
잘 이해하는 것이
중요하다네.

교도관들은 아주 잔인해요.
몇 일전에는 죄수 몇 명을
땅에 묻고는 그들 머리 위에
오줌을 누었대요.

교도관들에게 잘해주면
나중에 담요도 얻을 수 있어.
법무부가 담요를
가져다주진 않거든.

재소자들은 채석장의 그늘진
곳에서 점심을 먹을 때에야
가끔 이야기를 나눌 수 있었다.

채석장과 교도소 사이를 오가는 길에 범아프리카회의의 지도자였던
로버트 소부퀘가 6년 동안 격리 감금되어 있는 집을 지났다.

이런 식으로 격리시키는
것은 비인간적이야.
흘라티(소부퀘)가 어떻게 견디고
있을지 궁금하군. 적어도 우리는
여기서 함께 있는데….

케이시(카트라다),
일반 옥사와 연락을
주고받기 위해 성냥갑을
사용하면 되겠어. 서로
교차해서 지나칠 때 그걸
떨어뜨리면 돼.

그건
최고기구*에서
얘기하시죠.

1965

102

하지만 최고기구는 서로 연락을 주고받을 방법을 찾기 위해 소통위원회를 조직했어요. 밑부분이 가까인 성냥갑을 사용하는 것 외에도 식당에서 B동으로 가는 음식통에 플라스틱으로 포장한 메모를 넣는 방식으로 연락을 주고받았어요.

일반 옥사에 있는 재소자들과 B동 재소자들 간의 교류는 엄격하게 금지되었다.

감옥 안에 있는 이들과 바깥세상의 연락을 유지하는 것은 필수적이었어요.

1966년 7월 일반 옥사에서 죄수들이 단식 투쟁을 한다는 비밀 메모가 전달된다. B동도 거기에 동참한다.

*일반 옥사 -단식 투쟁 중

며칠 후, 교도소장과 만델라가 면담한다.

왜 단식 투쟁인가요? 당신은 왜 그들이 단식 투쟁하는지도 모를 텐데….

죄수들은 영양 결핍과 중노동으로 약해져갔다.

우린 인종차별에 반대하는 투쟁의 한 부분으로써 감옥의 환경을 개선시키기 위해 가능하다면 어떠한 시위라도 할 겁니다.

일반 옥사의 많은 재소자들이 병원으로 실려 갔다.

우리 동지들이 다 죽어나가겠군.

끝내 교도소는 협상에 임했고 단식 투쟁은 끝난다.

1966년, 재소자들은 채석장에서 일하는 동안만은 서로 대화하는 것을 허락받았지만, 변화가 일어나려 하고 있었다.

우리한테도 영향이 있을 걸세. 외부에서 일어난 일은 항상 영향을 미치지.

만델라!! 당신 너무 나태하군!! 지금 당장 교도소장실 앞에서 나랑 얘기 좀 합시다!

페르브르트가 죽었다는 소식 들었어요?

그래. 의사당 사환에게 살해당했다더군.

새로운 교도관인 반 렌스버그는 재소자들을 잔인하게 대했고 감옥 생활은 더 힘들어진다. 최고기구는 만델라, 피킬레 밤, 맥 마하라지에게 법률위원회를 조직해 어려움에 처한 재소자들을 도와주도록 요청했다.

무슨 일이 일어났는지 정보를 좀 더 알아봐야겠어.

몇 달 후, 그들은 다시 서로 대화하는 것을 허락받았다. 나태 혐의는 철회되었고 만델라는 복도 제일 끝 방으로 이감되었다. 그리고 바로 면회가 이루어졌다.

만델라 씨가 우리를 대표해 말할 거예요.

수즈먼 씨, 만나서 반갑습니다.

국회 진보당의 헬렌 수즈먼은 교도소 환경을 개선하기 위해 압력을 넣는 임무를 맡았다.

1966 1967

긴 바지 책상 신문 음식 개선

그런 불평을 해 봤자 아무 소용없어!!!

바로 본론으로 들어가지요.

우선 음식이 개선돼야 합니다. 아직도 백인과 인도인들만이 빵을 먹을 수 있습니다.

그녀가 떠나자마자, 반 렌스버그는 그들을 다시 기소할 거라며 협박했다. 하지만 압박은 성공했고, 반 렌스버그는 다른 교도소로 전출된다.

더 고통스러운 것은 젊은 아내를
돌보지 못한다는 것이었다.

만델라는 가족을 지키지 못했다는 생각에 참을 수 없었다.

경찰이 밤중에 위니를 급습해 체포했다.
딸들은 그 모든 광경을 지켜보았다.

움직여!
당신은 우리와 함께
가는 거야.

엄마!
도와줘요!

제발 아이들을
가족에게 맡기게는
해주세요.

안 돼!
그건 우리가
처리해!

위니 마디키젤라 만델라는 17개월간의 격리를 포함해 정신적, 육체적으로
엄청난 고문을 당했다. 거의 500일이 지나서야 풀려났시만 그녀 인생에
새로운 전환점이 찾아온다.

"나는 내 영혼의
선장이요…."

1960년대는 아파르트헤이트 정책이 성공적으로 시행된
시기였다. 경제는 부흥했고, 백인들의 삶의 질이 높아지자
아파르트헤이트는 더 확대 시행된다.

이 시기에 아프리카민족회의와 다른 해방 단체들의
힘은 약했고 노동조합도 마찬가지였다. 1950년대의
대규모 시위는 점차 추억이 되어갔다.

비유럽인

유럽인

108

1969년 초반 만델라는 모든 정치범의 석방을 요구하는 탄원서를 법무부에 보낸다.

1970년에는 감옥의 환경에 대한 불평사항을 담은 편지를 교도소 위원장에게 보낸다.

악랄한 새 교도소 사령관이 부임한다.

만델라와 그의 친구들은 말귀가 먹었어. 그는 아직도 자기가 그들의 대표인 것처럼 행동하는군. 규율을 제대로 적용해!

제가 알아서 하겠습니다. 그들을 박살내버리겠습니다!

교도관들이 교체되고 공부와 여가 시간이 줄어들었으며, 면회도 취소되고 감방 수색이 이루어졌다. 음식은 더 나빠지거나 어떤 때는 나오지도 않았다. 체스게임도 금지되었고 편지 검열도 강화되었다.

더 열심히 일하라고 말했는데 너희는 전혀 듣지를 않는군. 그렇다면 너희의 등급을 한 단계씩 낮추도록 하겠다!

죄수들의 모든 불평은 묵살당했고 변호사와의 면담을 요청한 이들은 독방에 보내졌다.

재소자들은 채석장에서의 노동 강도를 조절했다.
그리고 남는 시간은 토론하거나 서로 가르치는 데 썼다.

아닐세, 친구.
이시코사 말에는 '호랑이'를
가리키는 정확한 단어가
있다네.

즉 그 말은
아프리카에 호랑이가
살던 때가 있었다는
말이군.

인도에는
'하늘을 나는 기계'라는
힌디어가 수천 년 전부터
있었다네.

그런데 그게
지금의 '비행기'를
뜻하는 건
아니잖나.

몇 년간 가장 인기 있던
토론 주제는 자유헌장, 할례,
마이부예 작전이었다.

새로운 교도소 사령관은 교도소 내의 규율을
유지하기 위해 만델라에게 도움을 청한다.

그가 나에게 모임을
열자고 요청하더군.
이 섬의 규율을 유지하기
위해 우리의 도움이
필요하다더군.

우리가 서로
논의하고, 가르치고,
배우는 와중에
일도 한다는 것을
보여줘야 하네.

내일 훑어볼 수 있는
새로운 교재 몇 권을
가지고 있습니다.

로벤 섬 교도소에서는 꾸준하게 정식 교과 공부와 비공식 교육이
이루어졌기 때문에 '대학'이라 불렸다. 재소자들은 스스로 공부하거나
다른 사람을 가르칠 수 있는 이 기회를 놓치지 않았다.

문맹이었던 정치범이라도 섬을 떠날 때쯤에는 읽고 쓸 줄 알았다.
아프리카민족회의의 역사, 인도인들의 투쟁, 마르크스주의,
정치경제학과 같이 잘 선별된 교육 과정이 채석장이나 다른 장소에서
진행되었다.

하지만 탈출 계획은 결코 실현되지 않았고 세월만 지나갔다.

넬슨, 케이시와 내가 곰곰이 생각해 봤는데… 회고록을 써보지 않겠나?

이 투쟁이 무엇을 위한 것인지 전 세계가 알아야 하네.

최고기구는 이 제안을 승인했다. 처음에는 밤에만 회고록을 썼지만 후에는 아픈 척하고 채석장 노동을 열외받은 다음에 글을 썼다.

음… 뭘 하고 있는 건지 의심스럽군.

1975

시술루와 카트라다가 주석 추가와 수정 작업을 도왔고, 맥 마하라지와 랄루 치바가 최종본을 손으로 옮겨 적어 필사본을 만들었다. 출소가 얼마 남지 않았던 마하라지는 필사본을 치바가 만들어놓은 파일 표지 사이에 숨겼다.

500쪽짜리 책이 4개월 만에 완성되었다. 원본은 땅속에 묻고 마하라지가 필사본을 성공적으로 아프리카민족회의에 전달한 후에 파기할 계획이었다.

이제는 교도관들이 이 항아리를 파보지 않기만을 바라는 수밖에.

필사본을 성공적으로 빼돌리고 거의 일 년이 지났을 때, 교도관들이 원본의 일부를 발견한다.

여기, 이게 도대체 뭐지?

당신들 이번에는 지나쳤어. 그 벌로 학습 특권을 무기한 철회한다!

시술루, 만델라, 카트라다는 그 후 공부할 수 있는 귀중한 특권을 4년 동안 빼앗겨버린다. 1994년, 만델라의 회고록은 『자유를 향한 머나먼 길』*이라는 제목으로 출간된다.

몇 년간 꾸준히 요구한 결과, 정치범들은 교도소 마당에 자그마한 정원을 가꿀 수 있게 됐다. 만델라는 정원을 가꾸기 전 원예에 대한 공부를 하고 난 후 토양에 필요한 영양분을 공급하기 위해 모두에게 식사 후 남은 뼈를 부셔서 달라고 부탁했다.

땅을 가꾸는 자유를 얻었구나….

1976

정원사와 마찬가지로, 지도자 또한 그의 정원을 돌보고, 씨를 뿌리고, 수확을 하며 결과를 맺어야 하는 것이다.

하지만 여기 감옥에 있는 동안 너무나 많은 것들을 돌보지 못했어. 때론 어쩔 수 없을 때도 있는 거지.

사랑하는 자미에게

여린 묘목에서 자란 씨앗은… 진한 빨간 열매를 맺는 튼튼한 나무로… 하지만 실수인지 관리가 소홀했는지 그 나무는 시들었다… 결국 죽었어요…. 난 그 뿌리를 씻어 묻어주었어요….

감옥 밖에서는 아파르트헤이트에 대한 새로운 저항운동이 시작되고 있었다. '남아프리카학생기구'의 스티브 비코가 주도한 흑인의식운동이 일어났다. 하지만 얼마 지나지 않아 학생기구의 지도부가 테러법 위반 혐의로 체포되어 로벤 섬 교도소로 끌려오기 시작했다. 새로 들어온 재소자들은 감옥의 열악한 환경에 경악했다. 만델라는 그들 중 한 명인 스트리니 무들리와 이야기를 나눈다.

이런 생활을 어떻게 견디고 계셨나요?

난 나를 잡아들인 사람들에 대한 모든 것을 배우고 있다네. 그들의 말을 배우고 그들의 책을 읽지. 이제 자네들의 사상에 대해서도 배우고 싶네.

115

1977년 초반 석회 채석장 노동이 끝난다. 채석장 노동은 바닷가에서 해초를 채집할 때를 제외하곤 수년 동안 계속되어 왔다. 이제부터 죄수들은 더 많은 여가 시간을 즐길 수 있게 되었다.

만델라는 책을 읽고, 글을 쓰고, 정원을 가꾸고, 규칙적인 운동을 하며 시간을 보냈다. 죄수들은 일주일에 한 번씩 고전영화를 즐겼고 교도소 마당은 임시 테니스코트로 개조되었다. 그리고 일요일마다 교회 예배에 참석할 수 있었다. 만델라도 정기적으로 예배에 참석했다.

하지만 가족이 깨지고 있는 것에 대해서는 아무것도 할 수 없었다.

마디바, 미안하지만 나쁜 소식이 있어요.

위니가 브랜드포트로 추방당했어요. 진드지는 엄마와 함께 있어요.

소웨토에서의 시위 후에 위니는 시위에 가담했다는 이유로 5개월간 감옥에 갇혔다. 정부는 위니의 대중적 인기에 위기감을 느끼고 그녀를 자유주의 한 작은 마을로 추방한다.

위니가 그토록 보수적인 마을에서 어떻게 지낼 수 있을까? 우리의 적들에 대해 계속 공부해야겠어.

116

감옥의 환경은 조금 나아졌지만 1977년 정부는 정치범들을 격분하게 만들었다.

자, 움직이자고. 당신들 오늘은 외부에서 작업할 거야.

뭔가 숨기고 있군. 그렇지 않고서야 왜 우리에게 새 침대와 베개를 주겠어.

교도소는 섬의 상황을 참관하도록 대규모의 기자단을 초청했다.

또 다시 세계를 향해 거짓을 말하고 있군. 이곳의 생활상을 조작해 보여주고 있어.

오늘 괜찮았어. 이곳의 환경이 나아진 듯하군.

1976년 법무부 장관인 지미 크루거는 만델라에게 트란스케이에 정착한다는 조건으로 석방하겠다고 제안한다. 그리고 며칠 후 카이저 마탄지마가 만델라에게 면회를 요청한다. 그는 소위 독립공화국이 된 트란스케이의 초대 수상이었다.

달리원가는 자기 자신과 국민을 팔아먹었어. 석방되어 고향으로 돌아가는 것에 동의할 수 없어.

하지만 그의 면회를 거절할 이유는 없지.

일반 옥사에서도 그 면회에 반대하고 있어. 그들은 자네가 흑인 자치구 제도를 지지하는 것으로 보일까 봐 걱정하고 있다네.

이해해요. 그래도 그의 마음을 돌리도록 시도는 해볼 수 있잖아요.

그는 정권의 꼭두각시가 된 거야….

최고기구는 당신이 조카를 면회하는 것을 허락할 수 없다네.

1980년 마탄지마는 템부 왕 사바타를 폐위시킨다. 만델라는 어린 시절 그의 자문가가 되기 위해 교육을 받았었다. 사바타는 루사크로 탈출해 그곳에서 아프리카민족회의에 합류하고 후에 '동지 대장'으로 알려진다.

1978년 딸 제나니는 스와질랜드 출신의 툼부무지 왕자와 결혼한다. 결혼 후 새로운 왕족의 자격을 얻은 그녀는 아버지를 면회하는 것을 허락받는다.

얼마나 아이들을 만나 얘기를 듣고 싶어 했던가···.

오, 아빠, 너무 보고 싶었어요.

아파르트헤이트가 없는 나라를 바라는 마음에서 너의 이름을 '자지웨'라고 지었단다.

미안하지만 시간이 거의 다 됐어요.

만델라는 손주에게 '희망'이라는 뜻의 이름을 지어주었다.

교도관이던 크리스토 브랜드는 1978년에 로벤 섬에 부임했다. 그는 만델라의 친구가 되었다.

1978년부터 죄수들은 음악과 검열된 뉴스 방송도 들을 수 있었다.

로버트 소부퀘가 사망했습니다. 흑인의식운동이 금지되었습니다. P. W. 보타가 새로운 총리가 되었습니다

나의 생각이 아직도 충분히 혁명적일까? 세상이 돌아가는 데 제대로 따라가고 있는 것일까?

매년 크리스마스마다 재소자들은 사탕과
여분의 커피를 구입하는 것을 허락받았어요.
그들은 교도관들을 위한 합창공연을 하거나
운동 경기를 하거나 경연대회를 열며 크리스마스를
특별하게 보냈어요.

그리고 1980년에야,
검열을 받는 신문을 사볼 수
있다는 허락을 받았어요.

1980년 민족의 창은 세쿤다의 정유공장 저장탱크를
파괴하는 등 무장저항을 시작한다.

그리고 〈선데이포스트〉의 퍼시 코보자 기자는
'만델라를 석방하라' 청원을 주도한다. 이는 후에
만델라 석방운동으로 전 세계에 기억된다.

이제 공산당
말살 계획을
실시할 때가
되었다!!

당시 국방장관이던 매그너스 말란은 반아파르트헤이트 운동에 대해
강경 노선을 취한다. 로벤 섬의 재소자들은 정부의 '말살 계획'에
어떤 식으로 대응할지 토론을 벌였다.

만델라의 위엄 있는 행동과 상대방의 의견을 기꺼이 들으려는
모습은 젊은 재소자들을 감동시켰다.

정부는 만델라를 철저히 감시했다. 정기적으로 성격 평가와 정신분석을 하도록 했다.

만델라는 이례적일 정도로 적극적입니다. 백인들에 대한 적대감은 전혀 보이지 않습니다. 그는 현실적이고 실용적인 사상가입니다. 그리고 자신의 목적에 대한 견고한 믿음을 가지고 있습니다.

교도소에서 보낸 시간이 그의 정신적, 정치적 태도를 성숙하게 만들어준 듯합니다.

만델라는 남아프리카 최고의 흑인 지도자가 될 모든 자격을 갖추고 있어요.

다시 교도소. 만델라는 나쁜 소식을 듣는다.

당신 아내가 교통사고를 당했어요.

괜찮나요?

잘 모릅니다!

아내가 어떤 상태인지 알아야겠어요!

1982

교활하군. 이들은 정보를 감추는 것이 강력한 무기라는 것을 알고 있어.

짐을 꾸리세요. 당신은 오늘 오후 이 섬을 떠날 겁니다.

날 어디로 데려가려는 거요?

말해줄 수 없습니다. 단지 프리토리아(정부)의 지시사항이라고만 아세요.

466/44
N. MANDELA

만델라는 위니의 변호사인 둘라 오마르를 만나는데 그는 위니가 경상이라며 만델라를 안심시킨다.

18년 간 로벤 섬 교도소에서 복역한 만델라는 과연 어디로 끌려가는 것일까요?

120

6

협상가

여긴 빅터버스터 교도소 정문이에요. 세계에서 가장 유명한 재소자가 석방된 곳이지요.

1982년 넬슨 만델라, 월터 시술루, 레이먼드 음라바, 앤드류 음랑게니는 로벤 섬을 떠나 다른 곳으로 이송된다. 만델라는 로벤 섬에서 18년을 보냈었다.

우리를 어디로 데려가는 거지?

작별인사 할 시간도 없었군.

재소자들은 자물쇠로 잠긴 트럭에 실려 장시간 이동하는 동안 어둠 속에 서 있어야 했다.

그들은 폴스무어 최고 보안 감옥에 도착해 꼭대기 층 감방으로 끌려갔다. 감방 안엔 침대보가 깔린 침대 네 개와 수건이 걸려 있는 화장실이 있었고, 옥상에는 벽이 쳐진 거대한 운동장도 있었다.

여긴 별 다섯 개짜리 감방이군.

그해 10월, 그들의 오랜 동지 아메드 카트라다도 이곳 감옥에 합류한다.

마달라*, 다시 보게 되어 반갑습니다. 당신의 칠순 잔치를 놓쳤군요.

근데 왜 이곳으로 끌려왔는지 아시나요?

우리가 다른 재소자들에게 너무 큰 영향을 주니까 아마도 우리를 따로 격리시키려는 의도가 아닐까 생각하네.

아프리카민족회의 멤버였던 패트릭 마쿠벨라도 요하네스버그 딥클루프 감옥에서 이곳으로 이감된다. 그들은 다른 재소자들과 교류할 수 없었고 매일 그들끼리만 지내야 했다.

귀뚜라미 울음소리 때문에 잠을 잘 수 없군.

저리 가거라. 다른 곳에 가서 소리를 내렴.

역시! 마디바는 귀뚜라미 한 마리의 목숨도 지켜주는구나.

혼란의 시기였다. 1982년 P. W. 보타 총리는 국가헌법의 중대한 변화를 제안한다.

국회에 세 개의 하원을 만들 것입니다. 하나는 백인, 다른 하나는 인도인, 그리고 나머지 하나는 유색인을 대표하는 것입니다. 하원에서는 교육, 주택, 복지에 대한 투표도 가능하게 됩니다.

대통령이 인도인과 유색인을 끌어들여 그가 개혁을 하고 있다고 믿게 하려는 의도군. 하지만 아프리카인들을 더 고립시키고 있을 뿐이야.

만델라는 동료들에게 166리터짜리 오일 드럼통 16개를 반으로 자르도록 부탁한다. 그것들을 옥상마당에 두고 거기에 정원을 가꾸었다. 하루 두 시간씩 정원을 돌보고 일요일마다 수확한 채소를 일반 옥사 재소자들에게 나누어주는 것을 즐겼다.

1983년이 공동 행동의 해가 될 거라고 했던 탐보의 말이 맞았어. 그리고 앨런 부삭도 공동전선을 주장했잖아.

기본 토양이 마련됐으니 이제 공동 행동을 추진하는 일만 남았군.

'민주연합전선'이 1983년 8월 20일 케이프타운 근교의 미첼스 평원에서 창설된다. 이 단체의 목적은 수백 개의 저항 세력을 하나의 우산 아래로 모으는 것이었다. 전선의 첫 번째 행동은 삼원제 의회에 반대하는 시위를 벌이는 것이었다.

인종차별이 없는 민주적인 남아프리카를 향하여! 향하여!

재소자들은 시술루의 아들을 통해 공동 행동의 발족 소식을 듣는다. 하지만 딥클루프 감옥에 있던 마 시술루가 민주연합전선의 의장으로 선출된 것에 대해 걱정한다.

찬성

반대

보타 정부는 국민투표를 추진했다. 삼원제 의회에 대한 '찬성'과 '반대'를 묻는 투표였다.

인도인, 아프리카인, 유색인, 그리고 백인은 아파르트헤이트에 저항하여 연합해야 해!!

백인들만이 투표한 국민투표에서 76퍼센트가 삼원제 의회에 찬성표를 던졌다. 보타에게는 승리, 민주연합전선에게는 패배의 순간이었다.

삼원제 의회란 인도인과 유색인에게 장난감 전화기를 주는 것과 같은 거야. 마치 40년 전 원주민대표자회의를 만들어준 것과 마찬가지일 뿐이야.

1984년 5월은 위니와 제나니, 그리고 손녀와의 접촉 면회라는 뜻밖의 기쁨을 선물했다. 만델라와 위니는 지난 21년간 서로의 몸을 만지지 못했었다.

브랜드포트로 돌아온 위니는 감리교회가 집에 지역 주민 의료를 위해 추가로 방을 지어준 것을 보고 기뻐했다. 지지자들이 보내준 성금으로 탁아소도 운영했다. 하지만 지역 정치인들은 그녀가 저항 세력을 부추기고 있다고 말하며 자기들 지역에서 지내는 걸 원치 않았다.

남아프리카 여성들은 남성들과 함께 싸웠다. 보석으로 풀려난 마 시술루는
계속해서 아파르트헤이트에 대한 반대의 목소리를 냈다.
1984년 요하네스버그에서 있었던 시위에서 그녀는 이렇게 말한다.

아프리카의 아들과 딸들이여,
전 오늘 이 땅의 큰 어머니가 됩니다.
그리고 오늘 우리의 다인종 아이들이 태어납니다.
미래에 아프리카를 이끌 우리의 아이가
태어나는 것입니다. 그것은 바로
우리 국민들이 뭉쳐 한 목소리를 내는
민주연합전선이라는 아이입니다.

이 당시 민주연합전선에는 600개의 단체가 연합하고 있었다.
삼원제 투표에 반대하는 보이콧 캠페인은 성공을 거둔다.
등록된 유권자들 중 단 30퍼센트의 유색인과 19퍼센트의
인도인들만이 삼원제 투표에 참여했다. 그럼에도 정부는
1984년 9월 9일 새로운 의회를 개원한다.

같은 날, 주민들이 임대료 상승에 반대하는 행진을 벌이던
샤프빌에서 폭력사태가 발생한다.

동요는 다른 마을에도 번져 30명의 사망자와
900명 이상의 부상자를 낸다.

군이 마을을 장악했고 학생들은 등교를
거부했으며 노동자들은 출근을 하지 않았다.

보타 대통령이 자네의 자유를 가로막고 서 있는 것이 정부가 아니라 바로 자네 자신이라고 말을 하다니 믿을 수가 없군.

우리가 무장투쟁으로 돌아선 것은 정부가 우리의 평화적인 시위를 막고 나서부터입니다. 폭력을 포기해야 될 사람은 바로 보타 대통령입니다.

자네가 무장투쟁을 포기하지 않을 거라는 걸 알고 있군.

공식적으로 내게 도전을 했으니 나도 공식적으로 답을 보내겠어요.

만델라, 시술루, 카트라다, 음랑게니, 음라바는 제안을 거부한다는 서신을 보타 대통령에게 보낸다.

만델라는 2월 10일 소웨토 자불라니 경기장에서 열리는 시위에서 진드지가 대독할 연설문을 준비한다. 그리고 그 연설문을 면회 온 위니에게 전달한다.

당신들, 이제 정치 얘기는 그만하시오.

이건 국가적으로 중대한 사안이오. 만약 내 얘기를 막고 싶다면 대통령으로부터 직접 명령을 받아 오시오.

우리 아버지께서는 이렇게 말씀하셨습니다.
국민의 조직이 금지당한 상태에서 저에게 도대체 어떤 자유가 주어졌단 말입니까?
제가 통행법 위반 혐의로 체포당할 수 있는 이 상황에서 도대체 어떤 자유가 주어졌단 말입니까?
브랜드포트로 추방된 저의 사랑하는 아내와 가족으로서의 삶을 살아가는 저에게 도대체 어떤 자유가 주어졌단 말입니까?
도심에서 살기 위해 허가를 받아야 하는 상황에서 저에게 도대체 어떤 자유가 주어졌단 말입니까?
제가 남아프리카 시민이라는 자체가 존중받지 못하는 이 때에…
오직 자유로운 사람만이 협상에 임할 수 있습니다.
재소자들은 협상에 참여할 수 없습니다.
저와 여러분과 모든 국민들이 자유롭지 않은 시기에 저는 어떤 약속도 할 수 없고 하지도 않겠습니다.
여러분과 저의 자유는 따로 떨어뜨려놓고 볼 수 없는 문제입니다.

저는 다시 돌아오겠습니다!

너무나 강력한 연설이었다. 사람들은 큰 감동을 받는다.

진퇴양난에 빠져버렸군… 완전히 막혀버렸어.

보타 대통령은 궁지에 몰린다.

130

저항의 물결이 최고조에 이르렀다. 정부는 통제력을 상실하고 있었다. 행동을 취해야만 했다. 사람들은 보타 대통령이 만델라와 다른 정치범들을 석방할 것이라고 예상했다.

하지만 그는 그렇게 하지 않았다. 1985년 8월 15일 보타는 이렇게 말한다.

공산주의 책동가들이 이 폭력사태에 책임을 져야 한다.

정부의 참을성을 시험하지 마라!

만델라는 공산주의자다. 그는 석방되기 전에 폭력적인 행동을 계획하거나 주도하지 않겠다고 약속해야 한다!

이 광기가 언제쯤 끝날 것인가?

경찰은 만델라 석방을 요구하며 폴스무어 교도소로 행진하려던 시위자들을 공격했다.

런던에서 올리버 탐보가 제나니와 함께 거대한 만델라 흉상을 공개했음에도 불구하고 대처 영국 수상은 움직이지 않았다. 대처는 영국연방회의에서 이렇게 말한다.

전 남아프리카에 대한 경제 제재를 서두르지는 않을 겁니다.

하지만 저명인사들로 구성된 파견단을 남아프리카로 보내 협상 타결 방안에 대해 알아보도록 하겠습니다.

'THE STRUGGLE IS MY LIFE'
NELSON MANDELA
GAOLED 5th AUGUST 1962
SENTENCED TO LIFE IMPRISONMENT
12th JUNE 1964 FOR HIS ACTIONS
AGAINST APARTHEID

ERECTED BY THE GREATER LONDON COUNCIL
UNVEILED BY OLIVER TAMBO
PRESIDENT OF THE AFRICAN NATIONAL CONGRESS
28th OCTOBER 1985

NO PEACE UNDER APARTHEID
아파르트헤이트 체제 아래 평화는 없다

남아프리카에 '블랙 크리스마스'가 다가오고 있었다. 지역 주민들은 백인 가게에서 제품을 구입하지 않기로 했다. 만델라는 폭스 병원에 입원했다.

바깥에서는 기자들이 만델라의 소식을 애타게 기다리며 모여 있었다.

수술을 해야 합니다. 전립선이 커졌어요.

정말 사실인가요?

그들이 만델라가 석방될 거라고 했어요.

만약 그가 죽으면 남아프리카는 완전 아수라장으로 변할 거야.

만델라는 잘 회복하고 있었다. 그는 코에체 법무장관에게 서신을 보내 면담을 요청했는데, 놀랍게도 법무장관이 사전 약속도 없이 병원을 방문한다.

만나서 반갑소. 내 편지를 받았겠지요?

네, 그런데 건강은 어떤가요?

몇 주후, 만델라는 다시 폴스무어 교도소로 돌아와 혼자서 사용할 세 개의 방이 딸린 다른 감방으로 이감된다.

시간이 지났는데도 아직도 날 격리시키려고 하는군….

그들은 정치 문제에 대해 대화를 나누지 않았다. 하지만 만델라는 법무장관에게 위니에게 내려진 추방령을 해제할 것을 요청한다. 그리고 검토해 보겠다는 약속을 받는다.

그의 오랜 동지들은 이에 불만을 표시한다.

항의해야 합니다.

우리를 정말 화나게 만드는군요.

잠깐만요. 제 생각엔 이 일이 좋은 결과로 이어질 거 같아요.

이곳에서의 격리 생활을 잘 이용해야겠어. 내가 혼자 있으면 정부에서 나에게 접근하는 것이 더 쉬워질 테지….

무장투쟁으로 승리를 쟁취하는 것은 불가능해.

이젠 대화를 해야 할 때야. 그런데 문제는 양쪽 다 대화가 약한 모습을 보이는 것이고 배신이라고 생각한다는 거야.

만델라는 대화를 추진하기로 하고 코에체 법무장관에게 서신을 보내 '회담에 대한 협상'을 할 것을 요청한다. 그리고 조지 비조스를 통해 루사카에 있던 올리버 탐보에게 이 사실을 알린다.

아프리카민족회의는 예비 회담의 기본 원칙을 승인합니다.

134

코에체는 만델라의 서신에 답장을 하지 않는다. 하지만 그해 3월 브리가디에 먼로가 그를 방문한다.

1986년 3월과 5월, 만델라는 방문단을 접견한다. 남아프리카 문제의 해결 방안을 찾기 위해서 온 방문단이었다. 코에체 법무장관이 그들을 만델라에게 소개하고는 자리를 떠난다.

영국 연방의 저명인사 7명이 이틀 후에 방문할 겁니다. 양복이 필요할 거예요.

만델라 씨, 양복을 입으니 재소자가 아니라 총리처럼 보이는군요.

법무장관님, 당신이 이 자리를 뜨다니 유감이군요.

협상을 해야 할 때가 왔어요.

하지만 코에체는 그 자리를 떠났고, 만델라 혼자서 아프리카민족회의의 사상과 남아프리카에서 거세지고 있는 폭력사태에 대해 답변을 했다. 그 후 방문단은 남아프리카 정부 각료들을 만났고 잠비아에 있던 탐보와도 회담을 가졌다.

전 자유헌장에 민주주의와 인권의 기본 원칙이 잘 드러나 있다고 믿습니다.

새로운 남아프리카에서도 백인 소수는 안전을 보장받을 것입니다.

폭력이 최종 해결책이 될 수 없다는 것에는 저도 동의합니다.

평화가 올 수 있는 진정한 기회가 보이는군. 아프리카민족회의도 무장투쟁을 중단하는 것에 동의할 거야.

하지만 방문단이 면담을 마쳐갈 때쯤, 국방장관이던 매그너스 말란은 루사카와 하라레 그리고 가보로네의 아프리카민족회의 거처에 공습을 가한다. 보타 대통령이 승인했던 것이다.

난 권력 이양에 대한 협상에는 관심 없어!!

7명의 방문단은 즉시 남아프리카를 떠난다. 대화는 불가능해졌다. 보타 대통령은 1986년 7월 12일 또 다시 비상사태를 선포한다. 그 후 8개월간 2만 6000여 명의 활동가들이 감금당한다.

왜 이 나라가
파괴되는 것을 가만히
보고만 있는 거요?

이 당시, 집회가 허용된 곳은
교회뿐이었어요. 영국연방의
방문단 파견은 실패였지만 대처
수상은 여전히 남아프리카에 제재를
가하기를 주저하고 있었지요.

대신 제프리 하우 영국 외무장관을
보내 중재하려 했지만 그것도 실패로
돌아갔습니다. 만델라와 투투 대주교
모두 그와의 면담을 거부했습니다.

만델라는 새로운 계획을 실행할 것을 결심하고 교도소 위원인
월렘스 장군과의 면담을 요청한다.

장군, 코에체 법무장관과
만나야겠습니다.

정부와 아프리카민족회의
간의 문제에 대한 대화를
나누고 싶습니다.

월렘스는 즉시 코에체 장관에게
전화를 건다. 코에체는 만델라를
자기 집으로 보내라고 말한다.
아주 비정상적인 방식으로 만난
자리였지만 그들은 세 시간 동안
대화를 나눈다.

자 그럼 만델라 씨,
다음 단계는 무엇인가요?

보타 대통령과
외무장관이 면담을
하면 됩니다.

외부 면담을 갈 때마다 만델라는 감방에서 나와
15개의 출입문을 거쳐야 했다.

몇 달 동안 코에체에게서는 아무 소식이 없었다. 그해 12월
정부에서 만델라를 차에 태워 케이프타운 일대를 둘러보게
해주었을 때에야 정부가 석방을 준비 중임을 느낀다.

나에게 약간의 자유를 주는군.
하지만 아직도 내가 잃어버린 많은 것들에
대한 생각을 떨쳐버릴 수 없어.

템비, 마카토, 마키,
진드지, 제니, 자미….
그리고 나의 손주들….

1986년부터 만델라와 다른 재소자들에게 TV 시청이 허용되었다. 만델라는 볼쇼이 발레 공연, 월드컵, 무하마드 알리와 조 프레이저 간의 1975년 권투 헤비급 타이틀전을 즐겨 보았다.

1986년 만델라는 크리스마스 파티에서 오랜 동지들과 만날 수 있게 된다. 감옥 밖으로부터 음식을 주문할 수도 있었다.

권투 배우던 때가 그립군….

드디어 통행법이 철폐되었어요.

그리고 미국도 마침내 전반적인 제재를 가하기로 투표에서 통과시켰어.

1987년 코에체는 만델라와 접촉해 케이프타운에 있는 자택에서의 비밀 회동을 제안한다.

추가 협상을 위한 위원회를 선임할 것이오. 대통령도 인지하고 있는 일이오.

생각해 보겠소. 폴스무어의 동지들과도 상의해 보겠소.

교도관들은 처음엔 만델라가 다른 재소자들과 상의하는 것을 거부했다. 하지만 만델라의 끈질긴 요구에 면회장에서 한 번에 한 명씩만 만날 수 있도록 허락한다.

넬슨, 난 원칙적으로 협상에 반대하지 않네. 하지만 정부에서 먼저 행동을 보여주는 것이 좋다고 보네.

만델라는 1987년 77세의 나이로 석방된 고반 음베키와 올리버 탐보에게도 서신을 보낸다. 하지만 만델라가 정부와 내통하여 배신을 한다는 소문이 퍼진다.

월터, 당신은 정말 사려 깊고 현명하군요. 전 당신의 의견을 가장 신뢰하고 높이 평가합니다.

올리버는 내가 무슨 일을 하고 있는지 궁금해하는군. 그는 내가 배신을 할 거라고는 당연히 믿지 않겠지!!

탐보가 그를 믿지 못한다는 생각에 화가 난 만델라는 탐보에게 퉁명스러운 답장을 보낸다.

1987년 10월, 아프리카민족회의는 '모든 국민에게 권력을 이양한다는 목표를 가진 협상에서 할 수 있는 답변들'이라는 문서를 만든다.

만델라는 그 어느 때보다 더 고립돼 있다고 느낀다. 하지만 다른 이들도 협상할 시기가 왔다는 것을 깨닫는다. 전 야당 대표였던 프레데릭 반 질 슬라베르트는 세네갈 다카에서 아프리카민족회의 멤버들과 아프리카너 지식인들 간의 회동 자리를 마련한다.

어떤 방향으로 갈지는 모르지만 그래도 밀어붙여야 해.

만델라가 정부 협상단과의 회담을 준비하고 있을 때에도 민주연합전선와 다른 단체에 대한 금지령이 내려졌다.

1988년 5월, 만델라는 코에체 법무장관, 두 명의 교도관, 그리고 국가정보국장 닐 바너드와 만남을 가진다. 이 모임은 그 후 몇 달간 계속된다.

계속 되풀이하지만, 모든 폭력을 중단하기 전까지는 보타 대통령을 만날 수 없소.

아프리카민족회의도 평화로운 방법에는 평화롭게 대응할 것이오.

우리는 당신들을 바다로 몰아넣지 않을 것입니다.

남아프리카는 백인과 흑인, 그 안에 살고 있는 모두의 것입니다.

하지만 공산주의자들이 아프리카민족회의를 장악하고 있잖소.

아프리카민족회의 내의 공산주의자들은 악마의 제국과는 거리가 멀어요. 우리는 어느 누구에게도 통제당하지 않소.

영국 BBC 방송에서 만델라의 칠순을 기념하는 록 콘서트를 방영했다. 7만 2000여 명의 관중이 웸블리 구장을 가득 메웠고, 전 세계에서 2억 명이 TV를 통해 공연을 보았다.

몇 주 후 만델라는 소웨토의 자택이 청년들에 의해 불타버렸다는 소식에 충격을 받는다. 그 청년들은 '만델라 축구 클럽'의 활동에 불만을 품은 이들이었다.* 이에 대한 해결책을 강구하기 위해 반아파르트헤이트 활동가들로 구성된 '만델라 위험 위원회'가 조직된다.

138

1988년 12월 만델라는 구류와 자유의 중간 지점에 있는 집, 케이프타운 근처의 와인 생산 지역인 파를에 있는 빅터버스터 교도소로 옮긴다.

나에게 자유에 대한 환상을 심어주고 있군.

뭐 마실 거라도 드릴까요?

아니 괜찮아요. 와인은 달콤한 것만 가끔 마셔요.

더 이상 감방에 갇혀 있지는 않았지만 여전히 교도소 안에 있는 저택에서 요리사이자 청소부인 잭 스튜어트와 함께 지내야 했다.

내가 설거지를 하겠어요. 당신은 요리를 했잖아요. 내가 도와야 공평한 거요.

아닙니다. 이건 제가 해야 할 일입니다.

스튜어트의 만류에도 불구하고 만델라는 직접 침상을 정리했다. 수년 만에 처음으로 만델라는 자고, 먹고, 수영하고, 정원을 거니는 일상의 일들을 알아서 결정한다.

하지만 개인적인 문제에도 직면한다. 위니가 만델라축구클럽과 연관된 폭력 사건에 연루된 것이다.

사실이 아닐 거야.

우리의 행동 방향은 무엇인가요?

감리교 목사인 스탠리 모고바가 상황을 논의하기 위해 만델라를 방문한다.

142

데클레르크 대통령은 평화를 추구하는 이들과 대화할 용의가 있음을 선포하고 해변, 공원, 화장실 등을 인종에 상관없이 개방하고 지방 마을을 통제하던 '국가안전관리시스템'을 없애는 등 각종 아파르트헤이트 규제를 폐지하기 시작한다.

만델라는 데클레르크에게 면담 요청을 하는 서신을 보낸다. 그는 폴스무어 교도소의 오랜 동지들을 포함한 10명의 정치범을 석방할 것도 요구한다. 이들 정치범들은 빅터버스터 교도소에서 만델라를 면회한다.

우리가 석방된다고? 못 믿겠는걸.

친구들, 이번이 작별의 면회가 되겠군요.

당신들은 석방될 거요.

만델라는 감옥에 남겨진 마지막 거물급 반대세력 지도자였다. 정치인, 동지, 성직자, 노동조합원, 청년지도자 등 모두의 관심이 빅터버스터로 집중됐다. 그해 10월, 데클레르크 대통령과 만델라는 투인후이스(케이프타운 집무실)에서 만난다.

그날 저녁, 만델라에게 작별을 고한 이들은 교도소 고위 관료들과 저녁을 함께했다. 그때 TV에서 속보가 나온다.

시술루, 카트라다, 음라바, 음콰이, 음랑게니, 모초알레디, 마세몰라, 음페타, 8명의 정치범들은 석방될 것입니다.

사실 이었군.

우리가 함께 일할 수 있기를 희망합니다.

5일 후, 1989년 10월 15일 일요일 아침에 이들은 모두 석방된다.

쉽지 않은 나날이었다. 탐보가 뇌졸증으로 쓰러지자 외부와 연락하던 중요한 연결고리를 잃어버린 것이다. 만델라는 데클레르크 대통령에게 전달한 각서의 복사본이 루사카의 아프리카민족회의 본부에 확실히 전달되도록 했다.

만델라는 어떠한 인종도 다른 인종보다 우위에 설 수 없다는 정부의 '집단권리' 개념을 받아들일 수 없었다.

'국민당'이 내세운 집단권리 개념은 아파르트헤이트를 단지 현대화로 위장한 것처럼 보이는군요.

아프리카민족회의는 위장된 아파르트헤이트를 받아들이기 위해 75년간 저항 투쟁을 한 게 아닙니다.

당신도 알다시피 우리는 흑인 지배에 대한 백인들의 두려움을 해결해야 합니다. 보타 전 대통령에게 그 문제에 대한 해결책을 찾아야 한다고 말했잖소.

대통령 각하, 불행히도 집단권리 개념은 흑인에 대한 두려움을 증가시킬 뿐입니다.

1990년 2월 2일 대통령은 의회에서 극적인 발표를 한다.

모든 정당에 내려진 금지령을 해제하고, 넬슨 만델라는 조건 없이 석방될 것입니다.

143

일주일이 지나고… 전날 밤 동료인 시릴 라마포사, 트레버 마뉴엘과 함께 연설을 준비한 만델라는 다음 날 있을 석방을 준비한다…. 감옥에서 일만 일 이상을 보낸 후였다.

만델라는 가방을 꾸린 후 교도관들에게 작별을 고하고는 그가 없는 동안 자라난 세상을 맞이하기 위해 교도소를 떠난다…. 앞으로 어떤 일들이 일어날지 확실히 깨닫지 못한 채….

자유를 향한 첫 걸음을 뗀 만델라는 전 세계 외신기자들과 수천 명의 지지자들의 환호를 받는다. 지지자들은 춤을 추었고, 환호했으며, 행복의 눈물을 흘렸다. 이제 그들에게 새로운 기회가 온 것이다….

144

147

만델라는 마침내 올란도 웨스트에 있는 소박한 집으로 돌아온다.

"오늘 소웨토로 다시 돌아온 저의 마음은 기쁨으로 가득 차 있습니다. 하지만 동시에 슬픔을 안고 돌아왔습니다. 여러분들이 아직도 비인간적인 제도 아래 놓여 있는 것을 봐야 하는 슬픔입니다."

외로움에 적응되었던 만델라는 수많은 지지자, 정치인, 기자들, 가족, 친구들에 둘러싸였다.

마침내 만델라가 집으로 돌아오다!!

난 단지 아프리카민족회의의 종일뿐임을 여러분은 이해해야 합니다.

27년 만에 집으로 돌아왔지만 그가 그토록 바랐던 가족과의 평범한 생활은 포기해야 했다.

며칠 밤을 사람들이 만델라의 집 밖에 모여 자유의 노래를 불렀다.

그래 여기가 바로 내가 있어야 할 곳이야… 민중들과 함께.

만델라는 아프리카민족회의 자금을 모으기 위해 짐바브웨, 나미비아, 알제리를 방문한다. 그는 신기술로 가득 찬 세상에 적응하고 있었다.

만델라는 1962년 이후 보지 못했던 오랜 친구 올리버 탐보와 재회한다. 만델라는 스톡홀름 근처의 작은 궁전에서 지내면서 많은 고위 방문객들을 맞이한다.

넬슨, 이제 자네가 아프리카민족회의의 의장을 맡아야 할 때야. 난 그저 자네를 위해 그 자리를 따뜻하게 데워놓고 있었던 것뿐이네.

아니야, 그건 맞지 않아. 선거를 치러야지. 자네는 나보다 훨씬 큰 고통을 겪었고 많은 업적을 이루었다네.

그해 4월 만델라는 런던을 방문해 영국 연방 의회 사무총장과 아프리카민족회의 지지자들과 함께 저녁식사를 한다. 반아파르트헤이트 운동 의장이던 트레버 허들스톤 주교가 그를 소개하자 웸블던 경기장에 있던 대규모 관중은 6분 동안 기립박수를 보낸다.

우리를 잊지 않고 지지해 준 여러분에게 감사의 말을 전합니다. 여러분의 지지가 없었다면 우리의 운명은 그저 스쳐지나가는 작은 걱정거리 정도였을 겁니다. 30년 가까이 남아프리카 모든 정치범들의 무조건적인 석방을 위한 우리의 캠페인을 지지해 준 여러분들 덕분에 우린 오늘 이 자리에 있을 수 있습니다.

긴 휴식을 취할 시간이 없었다. 만델라는 트란스케이의 쿠누에 있는 고향집에 돌아가 어머니의 무덤을 찾았다.

부족 사람들은 그의 선조를 기리기 위해 소를 한 마리 잡았다. 여동생 마벨을 포함한 모든 마을 사람들이 축제를 준비하고 즐겼다. 기쁨에도 불구하고 고향 마을의 가난한 상황을 보자 만델라는 마음이 아팠다.

151

만델라는 아프리카, 유럽, 북미의 여러 나라를 방문한다.
가는 곳마다 영웅적인 환영을 받았다. 뉴욕에서는
그를 위해 종이테이프 퍼레이드가 열렸다.

엠파이어스테이트 빌딩은
아프리카민족회의를 상징하는
색깔로 조명을 밝혔다.

뉴욕에서 만델라는 시장 관사에 머물렀다.
오랜 기간 적응했던 습기 찬 감방과는 완전
딴판인 곳이었다.

가볍게
아침 조깅을 하고
하루를
준비해야겠군.

하지만 여기서마저도 완전히
자유롭지 못하다는 것을 곧
깨닫는다.

멈추세요.
너무 위험합니다.
경호원을 붙여야
합니다.

영국에서 그는 남아프리카에 대한
제재를 반대했던 당시 영국 총리,
대처 수상과 만난다.

어떻게 당신을
테러리스트라며
비난했던 사람과
대화를 나눌 수
있나요?

난 그보다 더한 나쁜 일을
저지른 남아프리카 사람들과도
함께 일합니다….

대처 수상은 나더러
건강을 잘 돌보라는
말까지 하더군요!

그해 7월 만델라가 남아프리카로 귀국했을 때 요하네스버그 주변
흑인 거주구에서의 폭력 사태는 극도로 증가하고 있었다. 6개월 만에
수백 명의 사람들이 죽었다.

데클레르크 대통령, 30명이 죽고
수백 명이 부상을 입었어요. 사전에
경고가 있었는데도 아무런 조치를 취하지
않았더군요! 도대체 이유가 무엇입니까?
왜 경찰들은 손을 놓고 있었던 겁니까?

그들이 뭔가를 꾸미고 있어!

7월 22일, 전통적인 무기로 무장한 괴한들을 태운
버스가 세보켕으로 가 잠들어 있던 일가족을 공격한
사건이 발생한다.

만델라가 폭력 사태에 대해 데클레르크 대통령에게
항의했듯이 후에 데클레르크 대통령도 불라 작전*에
대해 만델라에게 항의한다.

153

154

아프리카민족회의는 폭력으로 파괴된 마을의 사람들을 보호하기 위해 무장 자위대를 조직했다. 만델라가 폭력 사태가 발생한 지역을 방문할 때마다 사람들은 경찰이 인카타를 돕고 있다고 그에게 말했다.

실현은 안 됐지만 데클레르크 대통령은 인카타와의 동맹을 모색했었다. 부텔레지 족장 역시 인카타를 아프리카민족회의에 반대하는 반공산주의로 여겼던 서부 보수주의자들의 지지를 받았다.

대통령, 다른 의도를 품은 자들이 당신 곁에 있습니다.

경찰은 인카타 편이야. 경찰이 그들에게 총을 주는 것을 내가 봤어요.

당신이 제기한 혐의에 대해 조사하겠습니다.

만델라는 무의미한 폭력의 종식을 간절히 원했다. 1991년 1월 마침내 그는 부텔레지 족장과 만난다. 30년 만의 첫 만남이었다.

이렇게 오랜만에 다시 보다니 반갑습니다.

수년간 저의 석방을 위해 보여주신 노고에 감사를 표합니다.

두 사람은 평화를 추구하고 사람들이 살인을 멈추기를 촉구하는 데 동의한다. 하지만 사태가 더 악화되려고 했다. 그해 3월 만델라가 한때 거주했던 알렉산드라 흑인 거주구에서 45명이 살해당한 사건이 발생한다. 그해 초 3개월 동안에만 400명의 사람들이 살해됐다. 만델라는 부텔레지와 두 번째로 만난다.

만델라는 말한다.
"정부가 이 폭력 사태에 개입하고 있다는 것이 이제 확실하군요."

아프리카민족회의는 정부가 폭력 사태의 배후라고 믿고 있다는 것을 대외적으로 선포한다. 그리고 남아프리카공산당과 노동조합회의의 지지를 받아 정부에 공개 서한을 보낸다.

올 5월까지 말란과 블록 두 장관을 해임하지 않으면 정부와의 모든 대화를 중단할 것입니다.

정부는 협력을 거부했고 아프리카민족회의는 다시 한번 대화를 중단한다. 사람들은 민중의 힘을 보여주기 위해 공동행동 캠페인에 동참한다.

155

그런 와중에 위니는 세이페이 사건에서 납치와 살해 혐의로 기소됐다. 만델라는 4개월간의 재판 기간 동안 그녀를 지지했다. 동료들에게도 아내를 지지해 줄 것을 부탁했다.

지금까지 아내 일에 너무 소홀했어. 하지만 이젠 곁에 있어줄 거야.

위니는 납치와 살해방조죄로 유죄판결을 받는다. 상소 기간 동안 보석을 연장한다.

그해 7월, 정부와 인카타의 관계에 대해 품었던 의심이 사실로 드러난다.

WEEKLY MAIL

아프리카민족회의를 막기 위해 경찰이 인카타 매수하다

이럴 줄 알았어. 이 나라를 불안정하게 만들려는 의도였어. 그들 손으로 피를 묻혔군.

정말이지 역겨운 속임수군. 이런 데클레르크 대통령을 내가 한때나마 화합의 인물이라고 불렀다니 믿을 수 없군.

적어도 이제 국방부 장관은 자리에서 물러났지 않나!

데클레르크 대통령은 경찰이 인카타 지지자들에게 자금을 대고 훈련을 시킨 것에 대해 알지 못했다며 부인한다. 정부, 인카타, 아프리카민족회의 간의 평화협상이 열린다.

평화협정에 서명을 하는 중에 밖에서는 군중들이 공격적인 문구를 외쳤고 부텔레지는 데클레르크 대통령 및 만델라와 악수하기를 거부한다.

하지만 만델라의 바람은 실현된다. 1991년 12월 20일 협상이 시작된다. 이 협상은 '민주 남아프리카를 위한 회의'로 불렸다. 국민당 대표단의 대표인 다위 드 빌리어스는 개막 연설에서 이렇게 말한다.

다른 사람들의 권리를 빼앗아 그들을 불행하게 하려는 의도는 아니었습니다. 단지 그 방향으로 흘러간 것일 뿐입니다.

남아프리카에 서광이 비추고 있습니다. 우리 국민들은 결연합니다. 어떤 누구도 어떠한 장벽도 국민들과 이 빛 사이를 가로막을 수 없습니다. 남아프리카는 우리 세대에서 자유를 쟁취할 것입니다. *

인카타와 우익 아프리카너 정당들은 '민주 남아프리카를 위한 회의'에 참여하지 않았다. 대표단들은 통합된 남아프리카를 추구하는 결의선언문에 서명을 한다. 하지만 데클레르크 대통령은 연설 막바지에 이렇게 말한다.

아프리카민족회의는 무기를 감추고 있습니다. 민족의 창이라는 사병을 유지하고 있습니다.

만델라는 회의 규칙을 어기고 데클레르크 대통령의 말에 반박하기 시작한다.

그가 마지막 연설을 하려고 했던 이유가 이것이구나. 우리를 마치 학생 대하듯이 훈계하는군.

비록 이 정권이 비합법적이고 승인을 받지 않은 소수의 정권이라 해도, 지도라라면 최소한의 도덕적 기준을 가지고 있어야 합니다.

기적적으로 협상이 다시 재개되었다.

저는 아내와 아무런 고소 없이 헤어지기로 했습니다. 여러분이 제가 겪은 고통을 이해해 주시길 바랍니다.

만델라의 슬픔은 겉으로 드러나 보였다. 진드지의 결혼식에서 그는 이렇게 말한다.

하지만 사생활 면에서 만델라는 위기에 직면한다. 1992년 4월 13일 기자회견에서 그는 위니와의 결혼생활이 끝났음을 발표한다.

한 나라의 아버지가 된다는 것은 크나큰 영광이지만 한 가족의 아버지가 되는 것은 더 큰 기쁨입니다.

하지만 저는 그 기쁨을 거의 누리지 못했습니다.

158

159

강경파들은 아프리카민족회의에 대한 지지를 얻기 위해 대중행동이 자치구로까지 확대되기를 원했다. 그해 9월, 7만 여 명의 시위자들이 당시 시스케이 자치구의 수도였던 비쇼로 행진한다.

만델라와 데클레르크는 시위자들에게 자제를 당부했지만 28명이 목숨을 잃는다.

한편, 만델라는 협상 재개를 위한 세 가지 조건을 내건다.

그해 4월 다수 정당회의가 재개된다.

정치범을 석방하고, 거주 지역에 울타리를 세우고, 집회에서 전통무기 소지를 금지해야 합니다!

협상은 재개되었고, 아프리카민족회의는 백인 공무원들의 고용 상태를 인정하고 공동 정부를 허용하는 '석양 조항(Sunset clauses)'에 동의한다.

바로 이것이 우리 국민들이 원하는 것이고, 우리 경제가 필요로 하는 것이며, 우리나라가 염원했던 것입니다.

만델라는 쿠누로 내려가 그곳에 빅터버스터 교도소와 똑같이 설계한 집을 짓는다.

크리스 하니는 전 민족의 창 비서실장이며 남아프리카 공산당 사무총장이었다.

마디바, 나쁜 소식이 있습니다. 크리스가 우익 극단주의자의 총에 맞아 죽었습니다.

지금 돌아가겠소. 그 전에 먼저 콤핌바바에 사는 크리스 아버지를 만나야겠어요.

아드님의 죽음이 너무나 안타깝습니다. 당신의 아들은 이 나라에서 가장 인기 있었던 지도자 중 한 명이었습니다.

만델라는 시민들의 동요를 잠재울 수 있는 유일한 사람이었다. 만델라는 위기에 처한 국가를 위해 TV 연설을 해달라는 요청을 받는다.

저는 오늘밤 마음 깊은 곳에서 백인과 흑인, 남아프리카 국민 모두와 함께합니다.

사람들이 슬픔과 좌절을 표출하도록 돕기 위해 집회를 마련한다. 2주 후, 올리버 탐보가 두 번째 뇌졸중으로 쓰러진 후 사망한다.

만델라는 자신이 세상에서 가장 외로운 사람인 것처럼 느껴졌다. 탐보의 장례식에서 21발의 조총을 발포하는 것으로 영원한 동지에게 경의를 표했다.

1993년 6월 2일, 상소법원은 스톰피에 세이페이의 납치에 관여한 위니에게 유죄판결을 내렸지만 살해에는 가담하지 않았음을 인정했다. 그녀는 2년간의 집행유예와 1만 5000랜드의 벌금형을 받는다.

AMANDLA!!!

국민들에게 민주적으로 권력을 이양하기 위한 카운트 다운이 시작된 거야…

바로 그 다음 날, 만델라는 협상에서 선거 날짜를 잡았다는 소식을 듣고 승리의 기쁨을 맛본다.

첫 번째 민주 선거 1994년 4월 27일

선거 전에 새로운 헌법에 대한 협의를 마쳐야 한다는 절박함이 극에 달하고, 협상단 사이에는 동료애도 쌓여간다.

하지만 수단 방법을 가리지 않고 민주적인 절차를 방해하려는 이들이 있었다. 1993년 6월 25일 우익강경단체인 아프리카너 저항운동 단원들이 세계무역센터를 습격한다. 그들은 창문을 깨고 들어와 카펫에 오줌을 누고 바비큐 파티를 열었다.

아자니아민족해방군대도 케이프타운에 있는 성 제임스 교회 신도들을 공격해 11명을 살해하고 55명의 부상자를 낸다.

161

1993년 9월, 데클레르크는 선거 준비를 위해 과도집행위원회 설립에 동의한다. 만델라는 뉴욕의 유엔으로 날아가 경제제재를 끝낼 때가 되었다고 주장한다.

아프리카민족회의와 국민당의 협상 대표였던 라마포사와 메이어는 자기들의 제안사항을 소속 당이 받아들이게끔 설득하는 것에 때때로 어려움을 겪기도 했다. 11월 18일, 임시헌법에 합의하면서 획기적인 진전을 이룬다.

양보하지 않을 거야. 다수결의 원칙이 적용되어야 해.

소수자들의 안전은 보장되어야 해.

우리가 해냈습니다. 권력 공유와 다수결 원칙 사이의 타협안을 받아들였습니다.

맞습니다. 그들을 설득하는 것이 힘들었지만 국민당도 이제 다수결의 원칙을 받아들입니다.

협상이 타결되자 축제 분위기가 무르익는다.

하지만 모두가 만족하지는 않았다. 인카타와 보수당은 협의 내용을 인정하지 않았고, 많은 아프리카너들은 데클레르크가 그들을 배신했다고 느꼈다.

오슬로에서 열린 노벨평화상 시상식에서 만델라는 이렇게 말한다.

그해 12월 만델라와 데클레르크는 공동으로 노벨평화상을 수상한다. 만델라는 이제 이전 노벨평화상 수상자였던 루툴리 족장과 투투 주교와 함께 이름을 올리게 된 것이다. 일부는 데클레르크와 공동 수상한 것에 대해 불쾌하게 생각했다.

우리는 무관심, 회의주의, 이기주의로 인해 우리가 노벨평화상이 보호하려는

인본주의의 이상을 실현하지 못했다고 미래 세대가 말하지 않도록 해야 합니다.

162

마틴 루서 킹 목사의 말이 맞았다는 것을 우리 모두 증명하도록 해야 합니다… 인간애가 인종차별주의와 전쟁이라는 별이 보이지 않는 밤에 더 이상 구속되지 않도록 해야 합니다.

마틴 루서 킹은 미국의 시민권운동 지도자로 1968년 암살당했다.

하지만 민주주의로 가는 길은 자신들만을 위한 법을 원했던 단체에 의해 위협받았다. 1994년 1월 부텔레지 족장은 여전히 그의 주장을 굽히지 않았다.

만델라는 최근 국군사령관으로 은퇴한 빌윤 장군을 만난다. 그는 우익 연합인 '아프리카너 폴크스프론트'를 이끌고 있었고 백인들만의 별도 국가를 원했던 인물이었다. 탐보 음베키는 폴크스프론트와의 협상을 계속했다.

어떤 누구도 우리를 지배할 수 없소!!

장군, 당신은 지금이라도 우리를 이길 수 있습니다. 하지만 폭력의 길을 택하면 언젠가는 당신들도 파멸할 것입니다.

타협하지 않을 것이오. 그들이 원하는 것은 자신들 스스로가 지배하는 폴크슈타트 (백인국가)입니다.

1994년 2월 마침내 공식적인 선거운동이 시작된다.

만델라는 여러 곳을 돌아다녔다. 그가 은퇴 후에 조지 근교의 사저에서 지내던 보타 전 대통령을 방문한 일은 많은 이들을 놀라게 했다. 그들은 선거에 참여하지 않으려는 폴크스프론트와 인카타 같은 우익단체들과 어떤 식으로 협상을 해야 하는지 의견을 나누었다.

163

아프리카민족회의는 전문적인 선거운동을 조직했고 풀뿌리부터 사람들의 의견을 듣기 위해 국민포럼을 만들었다. 바바라 마세켈라, 조엘 네시텐제, 칼 니하우스, 제시 듀아르테가 만델라의 지방순회에 동행했다.

찬양가수들은 만델라가 감옥으로 가기 전 법원 밖에서 했던 것처럼 그를 위해 공연을 펼쳤다.

욘긴타바 섭정과 함께 대궁전에서 했던 모임을 생각 나게 하는군….

그가 진짜로 우리와 얘기를 하기 위해 오다니 믿을 수 없군.

우리 모두의 힘으로 남아프리카인 모두가 투표할 수 있는 권리를 쟁취했습니다. 우리는 과거에 대한 자부심과 미래에 대한 확신을 가져야 합니다.

할아버지, 왜 그런 옷을 입고 다니세요?

할아버지는 27년 동안 감옥에 갇혀 있었단다. 이제 자유를 맘껏 느껴보고 싶구나.

난 이제 일흔다섯이란다. 하지만 너희와 같이 있으면 열여섯 청년같이 느껴진단다….

매일매일의 생활에 영감을 주는 것은 바로 너희들이란다.

만델라는 와이셔츠에 넥타이를 매는 것보다 화려한 색상의 셔츠를 입는 것으로 유명했다.

만델라는 젊은이들과의 시간을 즐겼으며 심지어 투표 연령을 14세로 낮추려고 노력했다.

165

5만 여 명의 군중이 보푸타츠와나 독립 기념 경기장에서 영웅 만델라를 위한 열광적인 환영행사를 연다. 만델라는 망고프 정부의 추락을 이끈 혁명운동을 '민중봉기'라 묘사했다.

THE PEOPLE'S CHOICE.

하지만 부텔레지는 여전히 선거 참여를 거부했고 3월 11일 최종 기한까지 등록을 하지 않았다.

신문들이 부텔레지에 대해 그리 낙관적이지 않습니다. 아프리카민족회의와 인카타 사이의 대립은 어느 한쪽이 죽은 후에나 종결될 거라고 예상하고 있습니다.

데클레르크와 나는 절대 그들 때문에 선거일을 연기하지는 않을 겁니다.

세 명의 남아프리카 경찰 간부가 인카타에 무기를 제공한 것에 연루되었다.

1994년 4월 8일, 만델라, 데클레르크, 부텔레지, 굿윌 왕은 크루거 공원에서 만나지만 의견 차이를 좁히지 못한다. 후에 국제 중재자가 부텔레지 족장이 다시 고려해 보도록 설득하는 데 성공한다.

마침내 인카타는 투표에 참여하는 데 동의하고 투표용지에 당의 이름을 올린다. 하지만 전국 각지에서 연이어 터진 폭발 사고로 선거의 성공 여부는 불투명해진다.

166

1994년 4월 27일 동이 트기 전 사람들은 투표장으로 모여든다. 사람들은 기쁜 마음으로 참을성을 가지고 장시간 동안 긴 줄에서 기다린다. 그들 대부분이 투표를 해본 적이 없었다.

만델라는 아프리카민족회의의 공동창립자였던 '존 두베'의 무덤에서 가까운 고등학교에서 투표를 하기로 한다. 그는 무덤에서 학교로 걸어가면서 자유로운 남아프리카를 위해 목숨을 바쳤던 이들을 기억한다.

만델라 씨, 누구에게 투표하십니까?

결정하느라 아침 내내 힘들었답니다!

전 세계가 선거를 유심히 지켜보고 있었다. 20만 명의 참관인과 공무원들이 평화롭게 선거를 치르는 2900만 명을 지켜보았다. 몇몇 도시들, 특히 콰줄루 지역에서는 혼란이 있었다.

검표하는 데 며칠이 걸렸다. 그리고 마침내 아프리카민족회의가 62.6퍼센트의 득표를 했다는 발표가 난다. 만델라는 아프리카민족회의가 헌법을 바꿀 수 있는 3분의 2를 득표하지는 못했지만 만족했다.

167

남아프리카 국민들은 투표를 통해 그들의 목소리를 전달했다.
그해 5월 2일 데클레르크 대통령은 프리토리아에서 투표 승복
연설을 통해 만델라가 운명의 사람이라며 찬사를 보냈다.

아프리카민족회의는 요하네스버그 칼튼 호텔에서 승리를 축하하는
행사를 열었다. 만델라는 지쳐 있었고 독감에 걸렸지만 행사에 참여한다.

마침내 자유입니다!
마침내 자유입니다!
저는 여러분 모두를 사랑하는 마음을
가지고 여러분들이 보여준 용기에 감동받은
마음으로 여러분 앞에 섰습니다.
옛 상처를 씻고 새로운 남아프리카를
건설할 때입니다.

전 세계가 축하행사에서 춤을 추는 만델라의 모습을 보았는데 이 춤은 후에 그의 상징이
되었다. 아프리카 끝에서 새롭게 태어난 미숙한 민주주의의 앞날에는 무엇이 기다리고
있을까?

168

8

대통령 만델라

여기는 넬슨 만델라가 대통령 후보로
지명되었으며 의회 만장일치로
남아프리카의 대통령으로 추대되었던
케이프타운 의회 건물입니다.

1994년 5월 9일, 처음으로 민주적으로 선출된 국회가 큰 흥분 속에서 열렸다.

마 시술루가 연설을 하기 위해 나선다.

저는 넬슨 롤리랄라 만델라를 새로운 대통령으로 추대합니다.

임봉기* 찬양가수가 넬슨 만델라를 찬양하며 노래를 불렀다.

오늘 아프리카가 우리에게 돌아왔다!

화합의 징표로 만델라는 부텔레지 족장과 포옹을 나눈다.

마이클 코베트 대법원장이 넬슨 만델라를 남아프리카의 대통령 당선자로 선언하자 모두가 환호를 보냈다. 프레네 진왈라가 국회의장으로 선출된다.

후에 월터 시술루는 이렇게 말한다.

한평생 가장 위대한 날이었습니다.

만델라, 음베키 부통령, 데클레르크 부통령은 화합된 정부를 위해 앞으로 나아가야 했다.

1994년 5월 10일 넬슨 만델라의 대통령 취임식장. 수만 명의 일반 시민들이 프리토리아 유니언 빌딩 앞에 모이고, 세계 각지의 지도자들이 귀빈석에 앉아 있다.

저 넬슨 만델라는 남아프리카공화국에 충성을 다할 것을 맹세합니다.

이토록 아름다운 땅에서 사람에 의한 다른 사람의 억압이라는 경험이 절대로 절대로 그리고 또 절대로 재현되지 않아야 할 것입니다.

백인과 흑인들이 민주주의 국가를 이룩하기 위해 스스로의 자유를 희생한 사람에 대한 사랑과 존경을 가지고 함께 잔디밭에서 축제를 즐긴다.

취임식이 끝나자 만델라 대통령은 잔디밭으로 내려가 수만 명의 군중들과 인사를 나누고 함께 축제의 춤을 추었다. 그리고 나서 그를 위해 열린 남아프리카와 잠비아 간의 축구경기를 관람하기 위해 헬리콥터로 엘리스 파크 경기장으로 이동한다.

하프타임이 되자 만델라는 모든 선수들을 격려한다. 그가 다시 자리로 돌아오자 남아프리카의 바파나 바파나 선수가 두 골을 넣는다.

171

그의 참모들은 만델라의 평상복 차림이 불만이었고 좀 더 정장 차림을 하도록 설득하려 했다.

저녁 행사에 나비넥타이를 매지 않으시겠다니, 받아들일 수 없습니다.

난 우리 국민의 옷차림과 너무 동떨어지지 않은 옷을 입고 싶어요.

제시 듀아르테, 바바라 마세켈라, 프레네 진왈라가 대통령실에서 근무했다.

하지만 나비넥타이는 흥겨우면서도 정장 느낌이 든답니다.

그리고 그걸 매면 정말 잘생겨 보이신답니다.

아… 나비넥타이를 매면 불편해요… 그걸 맬 때마다 심지어 말도 안 나온다니까!

품위가 있어 보여야 한다면 난 그냥 양복을 입겠어요.

까당그랑!

손주들이 여기저기를 뛰어다니나 보군!

만델라의 손주 넷이 그와 함께 생활했다. 안딜레, 음부소, 은다바, 만들라는 아들 마카토의 아이들이었다.

네 녀석들이 너무 시끄럽게 하는구나. 잠시 후에 밖에 데려가 놀아주마.

만델라는 아이들을 사랑했지만 엄격했답니다. 그가 국가 문제로 고심하는 동안 관저는 아이들이 떠드는 소리나 웃음소리로 가득 찼어요.

173

만델라는 여전히 이른 아침에 운동하는 습관을 지키고 있었다. 새벽 4시 30분에 일어나 5시경에 걷기 운동을 할 준비를 마친다.

이것은 매시간 그의 신변을 보호해야 하는 경호원들도 그때쯤 일어나야 한다는 의미였다.

정문에서 봅시다.

난 뒷문으로 나가야겠군. 난 이들을 피하는 방법을 알고 있지.

관저 주변을 순찰하던 경찰이 대통령을 발견한다.

민주주의를 이룩하는 것은 쉬운 일이 아니야….

기존의 전문가들을 잘 활용해야 해. 새로 뽑은 각료들은 아직 경험의 깊이가 부족해.

지금 대통령이 거리에 계십니다!!!

대통령은 위험에 노출되어 있으니 절대로 시야에서 벗어나지 않도록 하시오.

만델라는 이전 정권에서 일하던 대통령실 직원들의 고용도 보장해 주었다. 사무실 이곳저곳을 다니며 자신을 소개하는 데 하루를 보낸다.

만델라는 경호원들과 잘 지냈지만, 그들이 쉽게 일을 하도록 내버려두지 않았다. 그는 가끔 정해진 약속 장소로 가는 길에서 벗어나 시민들과 인사를 나누었다.

그래요. 고향이 어딘가요?

전임 대통령이 우리 사무실을 방문한 적은 없었는데….

그거 아시오? 난 대통령 집무실 사람들이 이 사진을 본다면 뭐라고 말할지 궁금하다오.

석방 5주년이 되는 해 만델라는 로벤 섬 교도소에서
동지였던 정치범들과 재회한다.

여기 있는 동안
어머니, 템비...
너무나 많은 이들을
잃었어.

만델라와 다른 전 정치범들은 후에 박물관에 전시될 거대한 석회암에 망치
자국을 남겨 달라는 요청을 받는다. 만델라가 망치질을 하는 동안, 다른
동지들은 너무 열심히 하는 바람에 암석을 완전히 조각내버리고 말았다.

젊은 국회의원들 사이에서 '어르신'으로 불리던 만델라는
이전엔 상상도 못했던 자유로운 분위기 속에서 국회를
개원한다.

새로이 당선된 많은 아프리카민족회의 소속 의원들은 예전엔
테러리스트로 불렸던 자기들이 지금은 국회의원이 되었다는
사실이 믿기지 않았다.

감옥에 있다가
국회로 오다니!

만델라의 일정은 빡빡했고
참모들과 경호팀은
늘 바쁜 나날을 보냈어요.

177

유명 연예인, 기업계 거물, 록스타와 정치인들이 찾아왔지만 만델라는 가족과 함께 트란스케이에서 크리스마스를 보내길 고집했다. 1995년에는 두 손자와 조카인 로셀 음티라라와 쿠누에서 보낸다.

크리스마스 날, 만델라는 늘 하던 대로 이른 아침에 예전에 살던 곳을 거닐었다.

이곳을 거닐고 있으니 내가 그토록 그리워했던 과거의 기억이 떠오르는구나. 마을 사람들이 우리에게 거는 기대가 크구나. 큰 책임감이 느껴지는군.

그는 옛날 크리스마스 때를 생각하며 만나는 모든 이들과 인사를 나누려 멈춰 섰다.

그는 아이들 한 명 한 명에게 이름, 나이, 학교에 대해 물었다.

아 그렇구나. 난 넬슨 만델라란다.

제 이름은 부킬레고 일곱 살이고 지금 3학년이에요.

그는 기자들과 함께 걷는 데 동의한다. 기자들 몇은 일흔일곱의 만델라와 세 시간 동안 걷는 것을 힘겨워했다.

제가 어릴 적 가축을 돌볼 때도 크리스마스에는 일을 평소보다 일찍 마쳤어요.

요즘은 고작 차 한 잔 마시러 고향으로 오는군요.

어른들은 자기들도 먹으며 우리에게도 먹을 것을 한 조각씩 계속 주었답니다. 가끔은 그걸로 충분히 배불렀지요.

그날 가족들이 만델라가 갓 구운 고기를 줄 선 아이들에게 나누어 주는 것을 도왔다. 만델라는 어른들이 먹기 전 아이들이 먼저 충분히 먹을 수 있도록 했다.

만델라는 매년 어린이들을 위해 크리스마스 파티를 열었는데 이것은 쿠누의 가난한 아이들을 위해 시작한 전통이었다.

이 아이들 중 일부는 여기 오기 위해 몇 시간을 걸었을 거야.

절망의 몸부림이지… 다시 누추하고 불행한 현실로 돌아가야 한다니.

만델라는 대통령으로서 세계 70여 개국을 방문했으며 각국 원수들을 남아프리카로 초청했다. 1996년 7월 만델라는 영국 국빈 방문 중에 버킹엄 궁에 머문다.

1995년에는 영국 엘리자베스 2세 여왕으로부터 공로 훈장을 받는다. 이 명예로운 훈장은 테레사 수녀와 나이팅게일도 받았던 것이다.

만델라는 호화로운 궁전 환경에 편안함을 느꼈고 여왕과도 잘 지냈다.

난 그냥 시골 촌놈이랍니다.

궁전에 근무하던 직원들은 한 국가 원수로는 최초로 만델라가 그들과 함께 사진을 찍은 것에 무척 감동받았다.

만델라는 클라렌스 하우스에서 여왕의 어머니와도 차를 마셨다.

만델라는 '런던시 자유상'도 받는다. 현직 국가원수로는 950년 만에 처음으로 받은 것이다.

만찬은 아주 공식적인 행사여서 참석자들 모두가 정장과 검은 나비넥타이 차림이었지만 만델라는 '마디바 셔츠'를 입었다.

우리 문화는 완전히 다르답니다!!

179

때로는 국정을 생각하느라 밤에도 잠들 수 없었다. 그는 여러 실적 문제로 위니를 예술문화부 차관 자리에서 물러나게 하는 것을 고민하고 있었다.

만델라는 뭔가 머리에 떠오르면 밤새 사람들에게 전화하는 습관이 생겼다. 그는 누구보다도 월터 시술루의 의견을 높이 샀다.

달리 방법이 없군!!

제가 잠을 깨웠나요?

그렇다네! 자네 정말 고집이 세군! 아침까지 기다려도 될 텐데 말이야.

다음 날 동이 트기 전 만델라는 남아프리카 수도인 프리토리아로 날아가기 위해 음타타 공항으로 이동했다.

만델라는 7시가 조금 지나 유니언 빌딩의 사무실에 도착했다.

빈곤에서 벗어나기 위한 아프리카민족회의의 전략 중 하나는 '재건과 발전 계획'*이었다. 만델라는 이 계획의 담당 장관인 제이 나이두를 만난다.

안녕하세요 대통령님. 아침 신문을 읽을 시간이 있으시겠군요.

안녕, 대장!

만델라는 매일 아침 아프리칸스어 신문을 포함해 적어도 다섯 개의 신문을 읽었다.

수천 채의 신축 주택을 건설할 계획인데 결과물이 늦어지고 있습니다.

다른 나라에서 성공한 사례들을 둘러볼 필요가 있어요.

181

만델라는 이혼한 아내를 대신할 새로운 차관을 선임하는 등 바쁜 일정을 마치고 케이프타운행 비행기를 탄다.

'니틀링쇼프'의 와인 농장에서 만델라는 대부분이 백인인 기업 대표들과 경제 재건에 관한 대화를 나눈다.

빅터버스터 교도소의 교도관들은 최고의 와인은 '드라이(dry)'한 것이라고 했는데 전 평생 와인은 '축축하다(wet)'고 생각했답니다!!*

1995년, 만델라는 리베르타스 관저의 이름을 '말람바 은들로푸'로 바꾼다. '새로운 여명'을 의미하는 상간족*의 표현에서 가져온 것이다.

만델라는 여러 부유하고 유명한 친구들을 사귀었지만 아메드 카트라다와 같은 오랜 동지들도 가까이 두었다. 1994년 카트라다는 만델라의 정책 참사관으로 임명되었다.

오… 제시간에 점심을 가져오는군!

마디바, 옥수수죽과 콩이군요. 아직도 교도소 음식을 좋아하시는군요!

그렇다네! 아프리카인들에게 16년 동안이나 빵을 못 먹게 한 걸 기억하고 있나?

183

만델라는 아프리카 민주주의의 상징이었고 국제적인 문제에도 관여합니다.

1995년에 열린 첫 연방 정상회담에선 나이지리아 독재자였던 아바차 사니가 저질렀던 인권 유린 문제가 의제에 올랐어요.

만델라는 나이지리아 인권활동가들의 석방을 요구했어요.

아바차는 켄 사로-위와와 그의 동료들을 체포해 사형을 선고했다.

만데라는 아바차가 사로-위와와 8명의 다른 활동가들을 처형한 것에 깊이 실망했다.

만델라는 계속해서 여러 국제 위기 상황의 해결에 도움을 달라는 요청을 받는다. 그는 사망한 줄리어스 니에레레 탄자니아 대통령을 대신하여 1999년 12월 탄자니아에서 열린 부룬디 평화회담의 중재자로 임명된다.

만델라는 인도네시아로도 날아가 투옥 중이던 동티모르 투쟁의 영웅인 사나나 구스마오를 만날 수 있도록 독재자 수하르토를 설득한다.

협상이 진행되기 위해선 구스마오 씨를 석방해야 합니다.

구스마오는 1998년에 석방되고 후에 인도네시아로부터 독립한 동티모르의 대통령이 된다.

1998년 남아프리카는 제12회 비동맹운동을 더반에서 개최한다. 그곳에서 만델라는 세계 다른 국가 지도자들과 함께 새로운 동맹을 결성한다.

남아프리카의 정치 상황은 변하기 시작했다. 1996년 데클레르크 부통령은 국민통합 정부에서 사퇴한다. 그는 격렬히 저항하겠다고 했지만 얼마 지나지 않아 정치에서 은퇴한다. 이때 음베키 부통령은 정부의 업무를 효과적으로 처리하고 있었다.

185

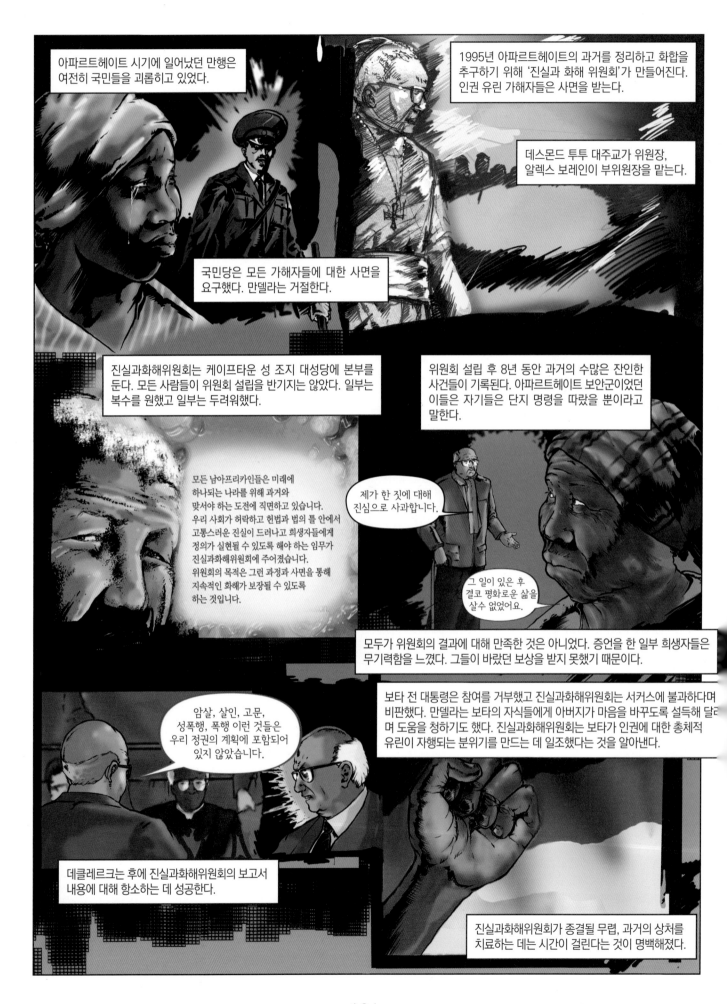

만델라의 외로움은 더해갔다. 그러나…

정말인가요? 대통령께서 연애를 하신다고요?

아주 특별한 한 사람이 있답니다.

하지만 아직은 밝힐 준비가 안 됐습니다.

석방 후 만델라는 모잠비크의 전 영부인었던 그라사 마셀에게 사랑을 느낀다. 하지만 비밀로 했다.

그라사의 남편은 1986년 의심스러운 비행기 사고로 죽었다.

마침내 만델라는 그녀의 마음을 얻고 요하네스버그에서 한 달에 2주일을 함께 보내기 시작한다. 둘은 사랑에 빠졌고 휴턴 거리에서 함께 걷는 모습이 사진에 찍힌다.

그라사는 만델라의 공식 반려자가 되었고 남아시아 순방에 동행한다.

곧 결혼하실 예정인가요?

전 항상 모잠비크 사람입니다.

만델라는 의례적인 답변으로 기자들을 속인다.

저의 문화적 배경 때문에 제 손자들보다 어린 기자들의 질문에는 답변을 할 수 없습니다.

만델라의 오랜 친구인 투투 대주교는 그들이 결혼해야 한다는 것을 명확히 했다. 둘은 만델라의 80세 생일 때 인연의 끈을 묶는다.

결혼식은 만델라의 자택에서 열렸고 몇몇 친구와 가족들만이 초대받았다.

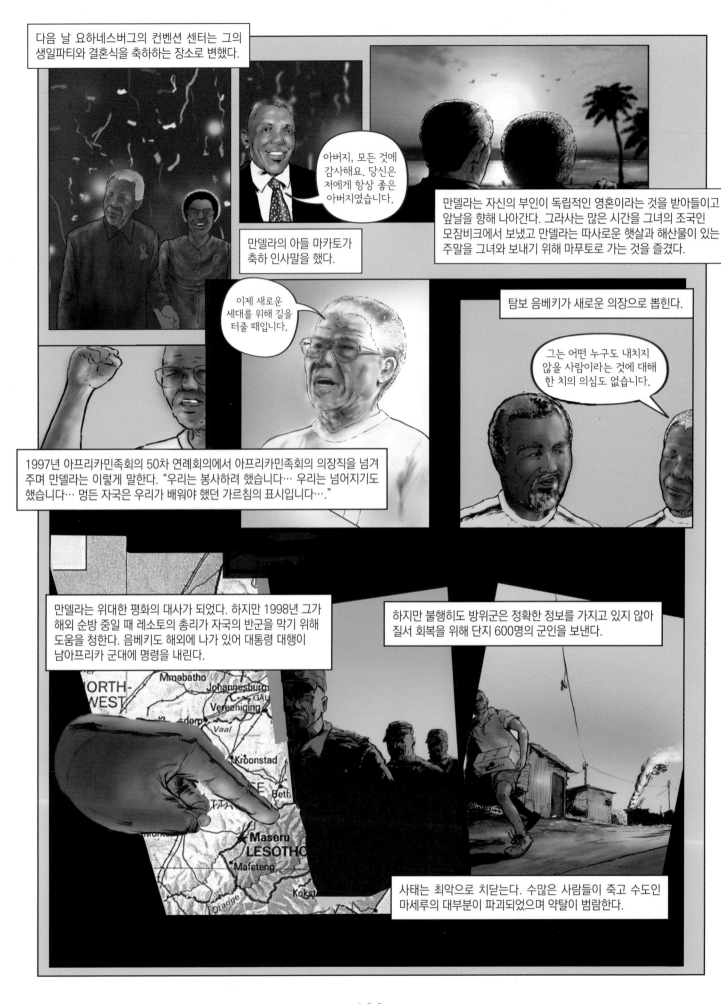

다음 날 요하네스버그의 컨벤션 센터는 그의 생일파티와 결혼식을 축하하는 장소로 변했다.

아버지, 모든 것에 감사해요. 당신은 저에게 항상 좋은 아버지였습니다.

만델라의 아들 마카토가 축하 인사말을 했다.

만델라는 자신의 부인이 독립적인 영혼이라는 것을 받아들이고 앞날을 향해 나아간다. 그라사는 많은 시간을 그녀의 조국인 모잠비크에서 보냈고 만델라는 따사로운 햇살과 해산물이 있는 주말을 그녀와 보내기 위해 마푸토로 가는 것을 즐겼다.

이제 새로운 세대를 위해 길을 터줄 때입니다.

탐보 음베키가 새로운 의장으로 뽑힌다.

그는 어떤 누구도 내치지 않을 사람이라는 것에 대해 한 치의 의심도 없습니다.

1997년 아프리카민족회의 50차 연례회의에서 아프리카민족회의 의장직을 넘겨주며 만델라는 이렇게 말한다. "우리는 봉사하려 했습니다… 우리는 넘어지기도 했습니다… 멍든 자국은 우리가 배워야 했던 가르침의 표시입니다…."

만델라는 위대한 평화의 대사가 되었다. 하지만 1998년 그가 해외 순방 중일 때 레소토의 총리가 자국의 반군을 막기 위해 도움을 청한다. 음베키도 해외에 나가 있어 대통령 대행이 남아프리카 군대에 명령을 내린다.

하지만 불행히도 방위군은 정확한 정보를 가지고 있지 않아 질서 회복을 위해 단지 600명의 군인을 보낸다.

사태는 최악으로 치닫는다. 수많은 사람들이 죽고 수도인 마세루의 대부분이 파괴되었으며 약탈이 범람한다.

만델라는 대통령으로 단임만 하기를 원했다.
1999년 2월 10일 그는 마지막 시정연설을 한다.

5년 전,
소속감과 운명을
나누며 마음을
한데 모았습니다.

덕분에 우리는
해결이 난감했던
문제들에 대한
해결책을 찾을 수
있었습니다.

국가의 건설과 화해는
우리 남아프리카가
이뤄낸 성과입니다.

그는 5년 동안 그의 곁에 있어준
참모들과 인사를 나눈다.

당신이 보여준
모범적인 행동은 저의
인생을 변화시켰습니다.
고맙습니다.

대통령 임기 말기에 만델라의 유산을 널리 알리기 위해
'넬슨 만델라 재단'이 설립된다.

만델라는 평화와 어린이들의 권리, 그리고
에이즈 저항을 위한 캠페인을 벌인다.

그리고 2002년 '만델라 장학 재단'*이
만들어진다.

만델라는 에이즈에 대한 대중 인식을 고취하기 위해
'46664 캠페인'도 벌인다. 캠페인 이름은 그의
재소자 번호 466/64에서 따온 것인데 그건 그가
1964년의 466번째 재소자라는 의미였다.

오늘날 아프리카에서
에이즈는 전 세계 모든 전쟁,
기아, 홍수, 말라리아와 같은
질병보다 더 많은 사람의
목숨을 앗아갑니다.

전 세계의 모두를 위해
이제 행동해야 합니다.
에이즈는 더 이상 단순한
질병이 아닙니다.
이건 인권의 문제입니다.

166개국 20억 이상의 사람들이 첫 번째 공연을
보았다. 매년 열리는 46664 콘서트는 남아프리카와
다른 아프리카 지역의 에이즈 프로젝트를 위한
기금을 조성한다.

2004년, 만델라는 아직도 그를 원하는 곳이 많다는 것을 알고 있었지만 멈추기를 원했다. 잘 알려진 대로 그는 은퇴를 발표한다.

여기 계신 분들 중 어느 누구도 제가 가족, 친구, 그리고 나 자신과 더 많은 시간을 보내기 위해 내린 이 결정을 이기적이라고 비판하시지는 않을 것이라 확신합니다.

만델라는 퇴임 이후에 그의 개인 비서실장이자 대변인인 젤다 라 그란제에게 많이 의존했다. 그녀는 항상 그의 곁에 있었다.

고로 제가 말하고자 하는 것은 이것입니다. '저에게 전화 걸지 마세요. 필요하면 제가 여러분께 전화를 걸겠습니다!'

넬슨만델라어린이기금은 아이들과 청소년들에 대한 사회적 보살핌을 개선하는 데 중점을 둔다.

만델라장학재단은 지도자 정신, 교육, 화해, 기업가 정신이라는 유산을 남기는 것을 목적으로 한다.

만델라는 그의 '유산을 계승하는 일'을 독립적이면서도 서로 연결된 세 개의 자선단체에 이임한다. 그는 사람들의 이목이 자기 개인이 아닌 이 단체들에 집중되기를 바랐다.

2004년부터 넬슨만델라재단은 만델라의 삶과 그가 살아온 시간을 기리고 중요한 사회적 문제를 공론화하기 위해 설립한 '넬슨 만델라 기념 센터'를 중심으로 조직을 개편했다.

만델라는 쿠누에서 더 많은 시간을 보내기 시작한다.

2007년 만델라는 그의 손자 만들라의 음베조 전통 의회 족장 취임식에 참석한다.

저에게, 특히 '만델라'라는 이름에 거는 기대가 많아 어깨가 무겁습니다.

넬슨 만델라의 유산은 이제 우리의 손으로 지켜야 합니다.

*남아프리카공화국 민주화의 상징인 넬슨 롤리랄라 만델라는 2013년 12월 5일, 95세를 일기로 타계했다. 전 세계가 그의 죽음을 애도했다. 만델라는 어린 시절을 보낸 고향 마을 쿠누에 잠들어 있다.

• ☆은 옮긴이 주입니다.

더 자세히 알아보기

/

1장

1쪽
☆이스턴케이프: 남아프리카공화국 남동부에 있는 주. 흑인 자치구였던 '트란스케이'와 '시스케이'가 이 주에 속한다.

3쪽
★음베조는 '템불란드'에 있고, 템부족은 크게 코사족을 이루는 부족 중의 하나다.
★그 당시 남아프리카 정부는 지역마다 치안판사를 두고 족장을 지명하거나 해임하면서 부족의 족장들을 지배하고 있었다.

22쪽
★당시에 남아프리카 흑인들이 관할 지역을 벗어나 여행하기 위해서는 공식 허가가 필요했다.

2장

25쪽
☆유니언 빌딩: 남아프리카공화국의 행정수도인 프리토리아에 있는 정부 청사. 대통령 집무실이 있다.
☆통행법: 남아프리카의 흑인이 통행증을 의무적으로 가지고 다녀야 한다고 정해놓은 법

26쪽
★광부들의 아내와 아이들은 가족의 농장을 돌보기 위해 시골에 머물러 있어야 했다. 광부들은 집으로 보낼 돈을 근근이 버는 정도였다. 당연히 아이들은 아버지 없이 자라났다.

31쪽
☆카피르: 아프리카인을 인종차별적으로 부르는 호칭
☆자유주(프리스테이트 주): 남아프리카공화국 중부에 있는 주

32쪽
☆아프리카민족회의: 1912년 창설된 남아프리카공화국의 정당. 남아공에서 가장 오랜 역사를 가진 정치 단체이며, 아파르트헤이트를 철폐하는 데 노력해 왔다.

35쪽
☆아프리카너: 남아프리카공화국의 백인 중에서 네덜란드에서 이주해 와서 식민지를 형성한 네덜란드인을 중심으로, 프랑스계 위그노, 독일계 개신교도 등 유럽 출신의 민족 집단을 가리킨다. 주로 네덜란드어가 변형된 형태인 아프리칸스어를 쓴다.
★정부는 사회적 상호관계와 공공 서비스 등에 강압적인 인종분리 정책을 도입한다. 아프리카너 민족주의는 강력한 정치적·사회적 무기였다. 아프리카민족주의, 공산주의, 백인자유주의 등 그에 맞서는 모든 강력한 적들을 파괴하려 했다.

41쪽
☆마이부예: '돌아오라', 혹은 '돌려달라'는 뜻의 코사어
☆티나 시즈웨: '우리 흑인 민족'이라는 뜻의 줄루어

43쪽
☆반투교육법: 인종분리 정책의 하나로, '반투'는 흑인 아프리카인을 가리키며 이 법안은 백인과 흑인을 분리해 흑인에게 열등한 교육을 시키려는 차별적 의도로 만들어졌다.

44쪽
☆유색인(컬러드): 남아프리카에서 서로 다른 인종, 즉 백인과 흑인 사이에서 태어난 혼혈은 다른 인종으로 구분되었다.

3장

49쪽
☆검은 별봄맞이꽃: 『주홍 별봄맞이꽃(Scarlet Pimpernel)』이라는 작품에 나오는, 프랑스 혁명 당시 경찰의 체포망을 피해 다니던 비밀스러운 인물에 빗대어 붙은 별명이다.

54쪽
☆음쿨루: 코사어로 '나이가 많은 어른'을 존경의 의미로 부르는 말

55쪽
☆제나니: '당신은 이 세상에 무슨 선물을 가져왔습니까'라는 뜻이다.

56쪽
★'아프리카니스트'는 공산주의에 반대하고 흑인 아프리카인들에 의한 투쟁을 선호하는 사람들을 일컫는 용어다.

63쪽
☆아만들라 은가웨투: '아만들라'는 코사 또는 줄루어로 '힘' 또는 '권력', '은가웨투'는 '우리에게'라는 의미다.

65쪽
☆사보타주: 군사 시설, 발전소, 전화선, 교통망 등 국가의 주요 시설을 공격해 혼란을 야기시키는 작전

67쪽
☆신 우유: 아프리카인이 즐겨 마시는 시큼한 발효 우유. '아마시'라고도 한다.

4장

82쪽
☆카로스: 남아프리카 원주민들이 입는 털가죽으로 만든 소매 없는 외투

84쪽
☆반바지: 당시 정부에서는 흑인을 어린아이처럼 취급하여 반바지를 수의로 지급했다.

94쪽

☆은코시 시켈렐 이 아프리카: '신이시여, 남아프리카를 축복하소서'
라는 의미로, 남아프리카공화국의 국가이기도 하다.

5장

98쪽

★윌리엄 어니스트 헨리의 시 〈굴하지 않는다(Invictus)〉의 한 구절

100쪽

★자미는 위니의 본명인 '노마자노'를 줄인 애칭으로, 이 이름은 '시험을
견뎌낼 여인'이라는 뜻이다.

☆아프리칸스어(Afrikaans): 남아프리카공화국과 나미비아에서 주로 쓰는
서게르만어군 언어. 16~17세기에 네덜란드 이주자들의 후손이 쓰던
네덜란드어가 변해서 만들어졌다.

102쪽

☆최고기구: 아프리카민족회의 고위 멤버들로 조직된 기구

113쪽

☆만델라의 자서전 '자유를 향한 머나먼 길': 원제는 LONG WALK TO
FREEDOM. 우리나라에는 『만델라 자서전: 자유를 향한 머나먼 길』
(김대중 옮김, 두레, 2006년 3월 25일)이라는 제목으로 출간되었다.

6장

123쪽

☆마달라: '나이가 많은 남성'이라는 뜻의 코사어

132쪽

☆크래독 포: 포트엘리자베스에서 크래독으로 여행하던 중 납치당한 후
잔인하게 살해당했던 네 명의 여행자를 가리킨다.

138쪽

☆만델라 축구 클럽: 위니 만델라의 친위 세력으로, 일종의 경호원 역할을
하며 폭력과 살인 행위에 연관되어 논란이 되었다.

142쪽

☆하라레 선언: 짐바브웨의 수도 하라레에서 채택했기 때문에 붙은
이름이다. 아프리카민족회의와 남아프리카 정부 간의 교섭에 앞서
원칙과 조건을 명시하였다.

7장

149쪽

☆인카타 자유당: 남아프리카의 흑인 우파 세력

153쪽

☆불라 작전: 남아프리카 내의 흑인 지도자들과 외국으로 망명한 사람들
간에 정부의 눈을 피해 몰래 연락을 주고받기 위해 마련되었던 비밀 작전

157쪽

★만델라는 아프리카민족회의의 창립자 중 한 명인 픽슬리 카 이자카(Pixley
KA Izaka)의 말을 인용하였다.

159쪽

☆보어인: 남아프리카의 백인을 가리키는 말

8장

170쪽

☆임봉기: 전통 아프리카 문화에서, 족장이나 다른 위대한 인물을 찬양하는
노래를 만들거나 부르는 예술가

177쪽

☆스프린복: 남아프리카 국가대표 럭비팀

181쪽

★'재건과 발전 계획(Reconstruction and Development Program)'은 주택, 실업
문제, 교육, 의료 전반을 아우르는 정책 틀로 광범위하게 인정받았다.
하지만 후에 논쟁을 거쳐 '성장, 고용, 재분배 전략(The Growth,
Employment, and Redistribution)'으로 대체된다.

182쪽

☆단맛이 없는 와인을 가리키는 '드라이(dry)'라는 표현에 '마르다,
건조하다'라는 뜻이 있는 데 빗대어 한 농담

☆상간족: 모잠비크나 남아프리카 트란스발 지역에 사는 원주민

190쪽

★만델라장학재단은 아프리카의 유능한 지도자를 양성하는 것을 목적으로
했다.

찾아보기

ㅣ

감사의 말

/

이 책은 만화 전문 출판사인 움란도 웨지톰비(Umlando Wezithombe)의 협조를 얻어 '넬슨 만델라 재단'에서 2005년에서 2007년에 걸쳐 무료로 배포한 여덟 권의 만화 시리즈로 시작되었다. 이 만화는 '넬슨 만델라 기념 센터(Nelson Mandela Centre of Memory)'에서 넬슨 만델라 대통령의 삶과 생애에 대해 남아프리카 청소년들이 보다 쉽게 이해할 수 있도록 돕기 위해 기획한 프로젝트였다. 기존에 출간된 책에서 많은 부분을 인용하였지만, 이전에 공개되지 않은 보관 자료들과 함께 책에 등장하는 인물들과의 공식/비공식 인터뷰도 참고하여 만들어졌다.

우리는 특별 고문으로서 이 책의 준비에 큰 도움을 준 아메드 카트라다에게 특별히 감사를 드린다. 이 책은 또한 앵글로 아메리칸(Anglo American), BHP 빌리턴(BHP Billiton), 포드 재단(The Ford Foundation), GTZ, 독립 신문들, 영국의 넬슨 만델라 유산 신탁(Nelson Mandela Legacy Trust), E 오펜하이머 앤드 선(E Oppenheimer and Son), 사솔(Sasol), 그리고 스태들러(Staedtler) 등 수많은 기업과 개인의 기부와 협찬을 통해 제작 비용에 도움을 받았다.

'넬슨 만델라 재단'은 이 책의 제작 과정에서 Sahm Venter의 폭넓고 전문적인 조사에 크게 의존하였다. 이 외에 Anthea Josias, Shadrack Katuu, Boniswa Qabaka, Razia Saleh도 많은 도움을 주었으며 Luli Callinicos는 전체 시리즈 중 1~5권까지 자문위원으로 참여하였다.

Nic Buchanan이 이끈 움란도 웨지톰비 출판사에서는 이 책의 제작을 위해 다음의 팀을 구성하였다.
- 시나리오 및 조사: Santa Buchanan, Andrew Smith
- 스토리보드: Santa Buchanan, Pitshou Mampa
- 그림: Pitshou Mampa, Pascal 'Freehand' Nzoni, Sivuyile Matwa
- 펜션과 채색: Richie Orphan, Pascal Nzoni, Sivuyile Matwa, Jose 'King' Jungo, Pitshou Mampa, Sean Abbood

조너선 볼(Jonathan Ball) 출판사의 Francine Blum, Jeremy Boraine, Frances Perryer, Valda Strauss도 많은 도움을 주었다.

이 책의 조사원들이 참고한 주요 자료는 다음과 같다.
The World that Made Mandela, Beyond the Engeli Mountains, and Gold and Workers by Luli Callinicos, *Drum Magazine, Winnie Mandela – A Life* by Anne Marie du Preez Bezdrob, *Walter Sisulu: I Will Go Singing* by George Houser and Herbert Shore, *The Rivonia Story* by Joel Joffe, *Memoirs* by Ahmed Kathrada, *Mandela* by Tom Lodge, *Long Walk to Freedom* by Nelson Mandela, *Higher than Hope* by Fatima Meer, *A Fortunate Life* by Ismail Meer, *Mandela* by Anthony Sampson, *In Our Lifetime* by Elinor Sisulu, *A Step Behind Mandela* by Rory Steyn, *Portrait of a People* by Eli Weinberg

그리고 다음의 기록 보관 기관으로부터 자문을 구했다.
Balleys Historical Archives, Brenthurst Library, Historical Papers (University of the Witwatersrand), the National Archives, Nelson Mandela Centre of Memory, Robben Island Museum, Fort Hare Library.

물론 이 프로젝트에 가장 큰 영감을 준 이는 바로 넬슨 만델라 대통령 그 자신이다. 이 책은 수많은 다른 이야기와 함께 어우러진 그의 이야기인 것이다. 더 깊이 파고 들어가면 넬슨 만델라 대통령이 그토록 헌신했던 그의 조국 남아프리카공화국의 이야기다. 만델라 대통령은 이 책의 출간 기념 축사를 통해 자신의 기억을 나누어 주었으며 이 프로젝트를 적극적으로 지지해 주었다. 이 책은 그의 90년 인생을 기념하는 선물이었다.

번 해리스(넬슨만델라재단 프로젝트 매니저)

저자 소개

/

글 넬슨 만델라 재단(Nelson Mandela Foundation)
2004년 9월 21일 넬슨 만델라에 의해 시작되었다. 재단은 '넬슨 만델라 기념 센터(Nelson Mandela Centre of Memory)'를 두고 대중에게 만델라의 삶과 생애에 대한 자료와 중대한 사회적 문제에 대한 대화의 장을 제공하며, 만델라의 업적을 보존하여 정의로운 사회 건설을 돕는 것을 목적으로 한다.

그림 움란도 웨지톰비(Umlando Wezithombe)
대중이 쉽게 읽을 수 있는 교육 만화를 만드는 예술가 집단이다. 문화적 장벽을 넘어 다양한 독서 수준에 눈높이를 맞추기 적당한 시각적 수단을 사용해 역사, 에이즈 문제, 건강, 질병, 생활 방식 등 다양한 주제에 관한 대중의 인식을 고취하는 데 전문성을 가지고 있다.

옮김 피노
연남동 골목길 깊숙이 자리잡은 그래픽노블과 그림책 전문 서점 '책방 피노키오'의 책방지기다. 클린턴 전 미국 대통령의 '클린턴 재단' 서울사무소 소장으로 일했으며 주한 이스라엘대사관, 주한 캐나다대사관에서 상무관으로 근무하기도 했다. 두 마리 고양이 키오, 하트와 함께 연남동에 살고 있다. 옮긴 책으로 『I HAVE A DREAM: 마틴 루서 킹 그래픽 평전』이 있다.

넬슨 만델라: 그래픽 평전

초판 1쇄 발행 2014년 6월 2일

글쓴이 넬슨 만델라 재단
그린이 움란도 웨지툼비
옮긴이 피노
펴낸이 윤미정

편집 유예림 박이랑
홍보 마케팅 하현주
디자인 김영주

펴낸곳 푸른지식 출판등록 제2011-000056호 2010년 3월 10일
주소 서울특별시 마포구 연희로 21 동광빌딩 4층
전화 02)312-2656 **팩스** 02)312-2654
이메일 dreams@greenknowledge.co.kr
블로그 www.gkbooks.kr

ISBN 978-89-98282-13-4 03300

이 도서의 국립중앙도서관 출판시도서목록(CIP)은
서지정보유통지원시스템 홈페이지(HTTP://SEOJI.NL.GO.KR)와
국가자료공동목록시스템(HTTP://WWW.NL.GO.KR/KOLISNET)에서
이용하실 수 있습니다. (CIP제어번호: CIP2014015875)